郑州市开放创新
双驱动战略研究

王延荣 等著

ZHENGZHOUSHI KAIFANG CHUANGXIN SHUANGQUDONG ZHANLUE YANJIU

中国社会科学出版社

图书在版编目（CIP）数据

郑州市开放创新双驱动战略研究/王延荣等著.—北京：
中国社会科学出版社，2015.8
ISBN 978 - 7 - 5161 - 6688 - 8

Ⅰ.①郑… Ⅱ.①王… Ⅲ.①城市发展战略—研究—
郑州市 Ⅳ.①F299.276.11

中国版本图书馆 CIP 数据核字（2015）第 166938 号

出 版 人	赵剑英	
责任编辑	王　曦	
责任校对	周晓东	
责任印制	戴　宽	

出　　版	中国社会科学出版社	
社　　址	北京鼓楼西大街甲 158 号	
邮　　编	100720	
网　　址	http://www.csspw.cn	
发 行 部	010 - 84083685	
门 市 部	010 - 84029450	
经　　销	新华书店及其他书店	

印　　装	北京君升印刷有限公司	
版　　次	2015 年 8 月第 1 版	
印　　次	2015 年 8 月第 1 次印刷	

开　　本	710×1000　1/16	
印　　张	12.25	
插　　页	2	
字　　数	228 千字	
定　　价	48.00 元	

凡购买中国社会科学出版社图书，如有质量问题请与本社营销中心联系调换
电话：010 - 84083683

前　言

在科学发展成为时代主题、创新驱动成为核心战略、中原经济区建设上升为国家战略的新形势下，郑州面临着难得的历史性发展机遇。同时，郑州正处于经济社会转型的攻坚期和创新能力的跃升期。如何选择正确的发展战略是事关郑州全局和长远发展的重大课题。为此，在深入研究的基础上，2012 年，郑州市委、市政府明确提出了要实施开放创新双驱动战略。

从历史背景看，纵观人类社会的发展历史，我们可以看到每次生产力高潮的兴起，都是与同一时代伟大的发明创造成果联系在一起的。科技成果能推动生产力的发展，科技创新在人类社会历史上发挥了重要的作用，有力地推动了社会的文明和经济的发展。特别是未来经济的持续发展，都依赖于创新的不断涌现，创新成为国家竞争优势和企业持续发展的决定性力量。同时，1978 年实施的改革开放基本国策，开启了我国对外开放的伟大历程，使我国经济结构由封闭型经济转变为开放型经济，促进了国民经济健康快速发展。开放和创新能力成为经济社会发展能力、活力和质量的最直接体现，成为城市竞争力的最重要源泉，成为经济社会发展的主要驱动力。从现实背景看，"十二五"是河南省全面建设小康社会的关键时期，是河南省深化改革开放、强化自主创新、加快转变经济发展方式的攻坚阶段。全面分析判断这一时期的国际国内形势发现，郑州市发展仍处于可以大有作为的重要战略机遇期。同时郑州还面对着开放型经济和创新型经济发展的双重不足、国际国内激烈竞争的双重压力、保持经济跨越式发展和加快经济发展方式转变的双重任务以及破解自然资源和生态环境的双重制约的现实问题，因此，实施开放创新双驱动战略是郑州市立足现实、面向未来作出的必然选择。从理论背景看，开放创新不仅对政府的创新战略和政策工具的供给能力提出了新的要求，也为国家创新体系建设和科技管理体制改革提供了重要视角，因此，开放创新成为全球化时代政府创新治理的鲜明特征。开放创新双驱动战略作为一种新颖的区域发展战略，不仅反映了郑州经济社会发展的历史必然和现实需求，同时也完全符合战略管理理论的内在逻辑和方向。

本书是郑州市软科学研究项目（12PRKXF656，20131177）结项研究成果，得到了河南省高校哲学社会科学创新团队支持计划（2013 - CXTD - 08）和河南省高等学校优秀社科学者支持计划（2014 - YXXZ - 32）的资助。我们尝试提出郑州开放创新双驱动战略的理论框架，确定战略目标、思路、发展路径，构建战略实施体系，并为战略实施提出若干对策和建议，力求准确地把握开放和创新以及开放创新双驱动战略的本质特性及其作用规律，全面反映郑州经济社会发展的历史必然和现实需求，并在理论和实践上寻求新的突破。

本书在研究和写作过程中的主要分工为：王延荣教授负责第一章及全书通撰，李纲教授负责第二章（与王延荣合作）、第三章（与黄志启合作）、第四章撰写工作，高京燕博士负责第五章、第六章撰写工作，黄志启博士完成第三章撰写工作（与李纲合作）。同时，桂黄宝副教授、周贺来副教授、刘康博士以及硕士研究生赵文龙同学参与了项目研究工作，硕士研究生宋磊和陈静静同学负责了全书的文字校对和文献复核工作，感谢他们为本书出版付出的努力。

在研究过程中，郑州市科技局原局长苗晋琦教授、方振乾总经济师、靳蕾总农艺师、发展计划处陈军处长、办公室范秋菊主任等多次参与课题大纲和研究内容的讨论并给予大力支持和悉心指导，在此表示衷心感谢！在课题审查过程中，河南省社科院副院长谷建全研究员、郑州市委政研室相关领导等提出了宝贵意见和建议，在此深表谢意！特别要指出的是，河南省省委常委、郑州市市委书记吴天君同志两次对课题成果摘要稿进行批示："该文对我市实施开放创新双驱动战略进行了深入研究，所勾画的战略构想和战略举措很有意义。请组织深入研究，尽快提出实施'开放创新'双驱动战略意见提交研究决策"；"将此成果转化为实施的措施，作为贯彻十八大精神的重要举措和郑州持续发展的动力"，这给予了我们极大的鞭策和鼓励，在此一并致谢！

由于开放创新双驱动战略研究还是一个较新的研究领域，我们所做的工作仅仅是这方面研究的一次粗浅的尝试，谬误和不妥之处在所难免，还有许多东西需要进一步完善，望各位专家和学者批评指正。

作者

2015 年 5 月 6 日

目 录

第一章 现实与追问：郑州开放创新双驱动战略的提出

第一节 郑州开放创新双驱动战略提出的背景

"十二五"是河南省全面建设小康社会的关键时期，是河南省深化改革开放、强化自主创新、加快转变经济发展方式的攻坚阶段。全面分析判断这一时期的国际国内形势发现，河南省发展仍处于可以大有作为的重要战略机遇期。中共十七届五中全会提出，实施互利共赢的开放战略，进一步提高对外开放水平。在这一历史背景下，基于郑州经济社会发展的历史阶段的分析判断，结合国家创新驱动战略，推动创新型经济发展的历史背景，特别是郑州地处中原腹地，自身开放型经济发展不足的客观现实，对内强化创新型经济的快速发展，对外保持开放型经济的强力推进，对于郑州经济社会发展具有重要价值。

一 现实背景

（一）郑州经济存在着开放型经济和创新型经济发展的双重不足

近年来，郑州市已在自主创新方面取得了可喜成就，研发投入、科学论文和专利总量均大幅提升，高科技企业数量也不断增长，但科技与经济"两张皮"现象依然突出，研发投入仍然偏低，企业没有强大的核心技术能力，发展模式落后，科研机构在对科研成果的转化上，转化率长期偏低，不能有效支撑中原经济发展。主要表现在：①全社会研发投入偏低，政府科技研发投入不足。2011 年，郑州市全社会研发投入 72 亿元，占 GDP 的比重为 1.47%，在中部六省省会城市中排名最后；市本级技术研究与开发经费预算 2.1 亿元，占财政一般预算支出的 0.9%，低于武汉（2.3%）、太原（1.6%）、长沙（1.59%）、合肥（1.45%）、南昌

（1.29%）。②知名高校、国家级科研院所等科技创新资源不足、高层次创新人才匮乏。全市只有一所"211 工程"大学，国家级科研院所 12 家，均在中部六省省会城市中排名最后。驻郑两院院士 12 人，远低于武汉（57 人）、合肥（51 人）、长沙（47 人）。③科技创新问题有待进一步完善。郑州市创新型经济发展的现状，与郑州的城市地位不相称，与建设创新型城市的目标有差距、与"全国找坐标、中部求超越、河南挑大梁"的要求不匹配。同时，郑州开放型经济发展仍然是薄弱环节。主要表现在：近几年郑州市进、出口额虽然逐年增长，但与深圳、上海等城市的进、出口规模相比，郑州仍处于起步阶段，如 2011 年郑州市进、出口额分别为 63.6 亿美元、96.4 亿美元，而深圳的进、出口额达到 1685.74 亿美元、2455.25 亿美元，规模是郑州的几十倍；出口商品结构性矛盾突出，出口商品档次较低，深加工不够，大多数产品科技含量比较低，竞争力不强，出口市场结构不合理等；没有制定更多的实质性的促进开放型经济发展的地方促进政策，使得部分企业不得不向周边沿海较优惠的外贸企业转移，形成不了优势出口商品，政策的比较优势较差；利用外商直接投资（FDI）的质量和水平较低，如 2011 年郑州实际利用 FDI 总额为 31 亿美元，而深圳、上海实际利用 FDI 总额分别是 45.99 亿美元、126.01 亿美元，可以看出，郑州的外资利用情况与深圳、上海差距较大；开放型经济的发展规模偏小，方式不够灵活多样，结构欠合理，"走出去"的格局尚未形成。

"十二五"时期以及今后的十年，郑州要继续加快转变发展方式，稳步调整优化产业结构，大力提升自主创新能力，快速增加地区生产总值。在这一过程中，创新必将成为驱动郑州市经济发展的"原动力"，郑州市需大力加强"创新驱动"。同时，只有开放，思想观念才能得到更新；只有开放，才能形成与现代经济发展相适应的出路；只有开放，才能获得超常规发展。因此，开放创新双驱动是发挥比较优势、促进转型升级、以转型升级推动科学发展、切实提高经济增长的质量和效益、破解发展中面临的深层次矛盾、实现又好又快发展的关键。这样，才能坦然面对世界科技发展的大势和日趋激烈的国际竞争，在新一轮科技和产业革命提速的情况下，有条件依靠自主创新实现产业的赶超发展，走出一条以开放创新双驱动为特征的"先发之路"。

（二）郑州经济社会发展受到自然资源和生态环境的双重制约

长期以来，由于传统经济发展模式的障碍以及单纯追求经济增长为目标的倾向，使人类受到了惩罚，环境污染、生态恶化等问题严重威胁着人类的生存环境，经济和社会的不可持续性成为国际社会关注的焦点。郑州矿产资源虽然比较丰富，其中，煤、铝土矿、耐火黏土、水泥灰岩等矿产的资源储量和矿石产量在全省均占重要地位，对近些年郑州经济社会的快速发展起到了重要支撑作用。有关数据表明，截至 2011 年年底，全市完成生产总值高达 4912.7 亿元，在全国 287 个地级城市中排名 20 位。但是，郑州的产业结构层次较低，资源型产业比重达到 50% 以上，同时由于受土地、资源、环境制约日益严重，发展空间日益狭小，我们依靠廉价的劳动力、土地和资源支撑了工业化、城镇化发展，这种高投入、高消耗、高污染、低效率的粗放式发展模式已难以为继。因此，如何实现发展模式的科学转型，彻底解决经济增长与资源环境破坏之间的矛盾，也成为郑州市落实科学发展，实施可持续发展战略所面临的一个重要课题，必须寻求途径破解自然资源和生态环境的“双重制约”。一方面，资源、能源、土地等传统生产要素对经济发展的约束进一步趋紧，煤电铝等高能耗行业占全市工业的比重仍高达 50% 以上，转型升级任务艰巨，新型工业化任重道远，区域和城市之间的竞争更加激烈。另一方面，上述的这种竞争越来越趋向于人才、技术、信息、成果、知识产权的竞争，越来越集中在自主创新的能力和水平上，越来越依赖高新技术产业、战略新兴产业的引领支撑作用。郑州唯有实施开放创新双驱动战略，才有可能破解这种“双重制约”。

因此，郑州实施开放创新双驱动战略，是更好应对未来资源和环境约束的必然选择。另外，其他一些经济增长要素和未来环境的要求（例如网络经济的快速发展，电子商务的突飞猛进，法律意识的不断提高，外包市场的不断扩大，知识产权保护的不断加强等）也对郑州市加快开放和创新提出了更高的要求。在这种形势下，郑州想要提升自身创新能力的关键在于把握机遇，克服劣势、充分发挥后发优势，才有望实现经济社会的跨越式发展。郑州只有实施开放创新双驱动战略，才能在新一轮经济增长过程中，分享到更多利益，取得经济社会的跨越式发展。

（三）郑州经济社会发展面临着国内市场和国外市场的双重压力

从全球范围内来看，世界各国均加紧实施创新战略和政策，大力加强经济开放，力图通过加快创新、提高创新能力来扭转经济颓势，同时，通过开放，不断吸收和利用外来资源，促进本地经济发展。如，2011 年，美国白宫发表《美国创新战略：确保经济增长与繁荣》报告，提出要赢得未来，保持美国在创新能力和科研基础设施等方面的竞争力。欧盟2011年公布了"地平线2020"计划，计划投入800亿欧元，整合欧盟各成员国科技资源，提高科研效率，促进科技创新，推动经济增长和增加就业。俄罗斯发布了《俄罗斯联邦2020年前创新发展战略》，提出要到2020年，俄国内研究与开发支出应占GDP的3%，力争在高技术产品和知识型服务市场上跻身世界前列。韩国公布了2020年产业科技创新战略，提出要实现从"快速跟踪"战略到"领跑者"战略的转变。我国也于2012年7月制定了《关于深化科技体制改革，加快国家创新体系建设的意见》，提出在"十二五"时期，全社会研发经费占GDP的比重提高到2.2%，大中型工业企业平均研发投入占主营业务收入比重提高到1.5%，科技进步贡献率达到55%，战略性新兴产业增加值占GDP比重达到8%，到2020年力争达到15%左右，全面建设中国特色国家创新体系，力争在2020年进入创新型国家行列。可见，世界各国围绕知识、技术等创新资源的竞争正愈演愈烈。

在国内经济竞争方面来说，全国各地抓住我国新一轮发展的战略机遇期，各地呈现出各显其能，各尽其力，求创新、求突破、求晋级的强劲态势。仅从中部地区省会城市看，武汉、长沙借助"两型社会"综合实验区的优势，不断加强科技创新，新型工业化进程不断加快。尤其是，长沙确立了"城市国际化、产业高端化、城乡一体化、发展'两型'化、管理法治化，率先建成'两型'城市和实现小康"的总体发展思路，提出了"十二五"期间综合实力挺进全国省会城市前五强的目标。合肥抢抓"皖江城市带承接产业转移示范区"机遇，通过区划调整、自主创新，经济实力大幅上升，并进一步提出了打造现代化新兴中心城市、全国有较大影响力的区域性特大城市的发展目标。尽管在全国排名中郑州市生产总值比2010年前移两位，地方财政一般预算收入郑州名列全国城市第17位，社会消费品零售总额名列全国城市第19位，但是，我们应该看到，这些城市基于高起点、大手笔、全域化的城市规划和建设，致力于建设国家区域性中心城市和国际化城市的发展定位，反映出的不甘于现状、勇于超越的强烈忧患意识和进取精神，催人奋进。如果稍有松懈，将与武汉、长沙差距越拉越大，而合肥、南昌还可能后来居上，必然在激烈的区域竞争中落伍，必然会在新一轮的发展中错失良机，必然会在国家未来战略布局中被弱化和边缘化。对此，我们应当增强危机意识和责任感，理性看待问题，时刻保持清醒，除了以更大的决心、气魄和力度推进各项工作之外，就是寻求实现郑州经济社会稳步快速跨越的途径和方式。为此，郑州市必须大力推进实施开放创新双驱动战略。

（四）郑州肩负着实现经济跨越发展和发展方式转变的双重任务

河南省委卢展工书记 2011 年在省九次党代会到郑州代表团讨论时指出，希望郑州在中原经济区建设中发挥龙头作用、中心作用和示范带动作用，要"挑大梁，走前头"。这里的"挑大梁"就是要求郑州市应进一步做大经济总量，进一步增强辐射带动能力，更好地发挥省会中心城市的龙头、重心和示范带动作用；"走前头"就是要求郑州市要提速发展，领跑中原，实现跨越，进而带动河南经济的发展。这不仅是省委的希望，也是全省人民对郑州的期盼和要求，更是郑州市在抢抓国家支持中原经济区建设的历史机遇中所肩负的责任和今后工作的方向。同时，建设中原经济区的主题是科学发展，主线是加快转变经济发展方式，主要途径就是强化新型工业化主导，加快转型升级、提升支撑能力。郑州现有的汽车、煤电铝、食品、电子信息、新材料、生物工程及制药、纺织、机械、能源、建材等支柱产业中的煤电铝、食品、能源、建材、纺织等产业，属于劳动密集型和资源依赖型产业，发展后劲不足，污染严重，产品附加值低，处于产业链的不利地位，其他产业也面临着进一步升级的任务。今后一个阶段的主要任务就是围绕推进工业转型升级和结构优化调整，按照"做强、做大、做优"原则，重点支持汽车及装备制造、电子信息两大战略支撑产业，新材料、生物及医药两大战略性新兴产业发展，做优铝精深加工、现代食品制造和品牌服装制造三大传统优势产业。可见，郑州肩负着实现经济跨越发展和加快发展方式转变的"双重任务"。

因此，在目前经济发展阶段难以逾越的情况下，郑州市必须想方设法促进开放型经济与创新型经济的"同步发展"，最终实现开放和创新"双向协同"驱动，这是郑州市立足现实、面向未来做出的战略抉择，也是郑州面对开放型经济和创新型经济发展的"双重不足"、破解自然资源和生态环境的"双重制约"、国际国内激烈竞争的"双重压力"以及保持经济跨越式发展和加快经济发展方式转变的"双重任务"而做出的必然选择；同时，选择开放创新双驱动战略的两个重要因素是日趋激烈的区域竞争形势和复杂多变的宏观发展态势。基于此，2012 年，郑州市委、市政府明确要求实施开放创新双驱动战略，加快发展郑州自主创新能力的具体要求。在当前形势下，要把郑州建设成为中原经济区的核心增长区，建成国际化、现代化的大都市，需要有强大而持续的创新动力、创新活力以及创新能力，需要包容吸收的开放能力。那么，深入实施开放创新双驱动战略，就成为郑州城市发展的必然选择。

令人可喜的是，作为"河南挑大梁"的郑州市，2012 年已经获批"国家创新型试点城市"，郑州实验区的雄伟蓝图已经描绘，尤其是郑州航空港经济实验区建设的开始启动，将为全面推进开放创新双驱动战略的实施提供有力支撑。

二 理论背景

（一）开放创新成为政府创新治理研究的新趋势

全球化使世界成为一个有机体，促进和加强了世界各国间的联系，催生了政府对创新治理的全新认识，重新塑造了创新固有的形态。谁掌握了开放创新的主动权，谁就能够在激烈的竞争中占领先机。开放创新为国家提供了创新体系改革的重要视角、为科技管理体制改革提供了新的依据、为政府的创新战略提供了新的标准、对政策工具的供给能力提出了新的要求。所以，开放创新已然成为全球化时代下政府治理的鲜明特征。

随着人们对创新研究的不断深入，创新内涵和外延也在发生变化，促使人们必须从更广阔的维度来审视创新及其作用。纵观近代史，英国领跑技术领先，德国不断追赶超前，后有日本和美国的后发制人，而这种不停的追赶和跨越，不仅是技术创新的结果，而且还有许多制度要素、组织结构与功能等方面的创新。英国经济学家克里斯托夫·弗里曼以独特的视角揭示了在技术落后的情况下，通过政府精心推动的产学研结合，使日本经济迅速崛起的奥秘。在此基础上，他于1987 年提出了国家创新系统（National Innovation System，NIS）的概念，即由公共部门和私营部门中各种机构组成的网络，这些机构之间的交流碰撞和相互影响对新技术的开发、引进、发展和扩散起到了极大的作用。这里国家创新系统与国家创新体系仅一字之差，但其内涵理解却大不相同。国家创新体系更多体现的是静态的特征，强调企业、研究机构、大学、中介机构等主体的独立性和机械结合，即所谓的知识创新体系、技术创新体系、军民结合创新体系、中介体系等。而国家创新系统则强调主体的有机融合和内在联系，强调整体大于个体之和。网络是创新系统的灵魂，开放性是创新系统最一般的特征。创新系统内外不断加强着相互间的联系和作用，系统可以形成有机有序的开放结构，而系统、环境在更大的范围内相互选择和适应也优化了这一结构。就创新而言，全球化对创新要素的空间联系和相互作用在广度和深度上进行了重新塑造。随着不同国家和区域间的经济、技术和社会进程的相互交织日益深化，一些传统的国内生产要素的重要性有所降低。因此，随着越来越多的跨国公司根据需求和降低成本的运作原理在全球吸纳创新资源，与所在地区的研究机构、大学开展合作，开放创新成为推动科技创新以及全球化的重要动力。

从某种意义上讲，开放的程度越高则创新的速度越快，想要在创新竞争中掌握主动权就必须实施有效的政策工具并充分把握当前发展规律。我国如果选择封闭而不是开放，创新就成了无源之水，必然举步维艰，也无法融入世界创新之潮流。因此，我国必须积极进一步扩大开放，紧跟全球化步伐，在更高层次上、更深度地与全球创新要素融合。可以归纳来讲，改革开放以来我国产业进步的一条重要经验，即在开放中创新。30多年的经济高速发展很大程度上得益于经济开放和积极承接世界产业转移，很多企业通过承接产业转移，快速缩短了我国与发达国家在产业发展上的差距。但同时，也必须看到，有相当多的企业严重依附于跨国公司，产业链条短、小、边缘化特征明显。同时，国内大企业由于拥有垄断性资源，处于市场领先地位，导致其创新动力不足，没有承担起创新和研究合作的主导作用。一些企业缺乏对市场变化的应对能力，加之缺乏有效的产业组织，逐步丧失竞争优势，举步维艰。

目前，中国已经成为世界全球化进程中不可或缺的重要参与者。在以"中国制造"为特点的经济增长模式推动下，中国的经济总量持续快速扩张。其间，计划经济体制束缚下各类生产要素的持续释放，国际资本、技术要素的持续流动仍是推动中国产业进步的重要力量。随着世界经济发展正进入国际金融危机后的新一轮大转型，我国的产业结构升级正处于全球战略性创新快速发展的关键时期，因此，扩大开放、加快发展是大势所趋。

（二）开放创新双驱动战略成为区域发展战略研究热点

2009年4月19日至21日，温家宝总理在广东考察时指出，把深化改革开放同科技创新结合起来。2011年他在《求是》发表了《关于科技工作的几个问题》一文，文中强调："我们能不能完成'十二五'预期的目标任务，推动经济社会发展再上一个新台阶，为到2020年全面建成小康社会奠定坚实基础，关键要看一些制约我国发展的瓶颈因素能否消除或缓解，一些事关全局的重大问题能否有效解决。这不仅关系五年的发展，也关系今后长期发展。解决这些问题靠什么？从根本上讲，一要靠改革开放，二要靠科技进步。这是推动我国经济社会发展的两大根本动力。"国内学者对于开放驱动战略以及创新驱动战略也进行了初步的研究和探索：开放驱动就是通过改革开放来驱动开放型经济发展，使一个国家和地区在充分发挥自身要素禀赋优势的同时，也在全球范围吸纳和利用各种资源，实现要素最佳配置，以谋求自身发展效益最大化的一种经济社会发展战略。而创新驱动就是要创新发展理念，通过自主创新驱动创新型经济发展，使经济发展方式从粗放型向集约型转变、从出口拉动型向内需拉动型转变、从投资拉动型向技术进步型转变、从技术引进型向自主创新型转变、从忽略环境型向环境友好型转变。国内外许多城市或区域依靠这两个战略中的某一种而实现经济的稳步增长和社会的快速发展。

从国内相关城市发展战略实施的情况来看，这种战略是现有成功模式的总结、发展和提升。目前，国内许多省市自治区和大型城市实施创新驱动战略，并且已收到初步的效果，但是，将开放和创新结合起来作为经济社会发展驱动力的战略发展模式还比较少。其中，比较典型的是，2010年1月，江苏省泰州市开始实施"开放创新双轮驱动"战略。该战略提出的基本前提是：泰州正处于工业化发展进程中，虽然发展阶段固定而不可逾越，但可以同步发展开放型经济和创新型经济，并通过这两种经济的同步发展实现泰州的整体经济社会跨越式发展，从而在激烈的竞争格局中脱颖而出。开放和创新这一对策略让泰州在现代化的征途上加速疾驰。泰州市"双轮驱动"战略实施以后，其产业结构发生了重大变化——短短两年时间内，泰州相继成为国家医药高新区和出口加工区，更带动了泰州城市的转型升级。主要表现为加速转型升级传统优势产业装备制造业，同时初步形成了以生物医药、电子信息、新能源为代表的"1+3+N"产业体系，同步提升了产业核心竞争力。

郑州作为一个省会城市提出的开放创新双驱动战略总结了国内一些城市发展战略实施的成功经验，同时又结合郑州市所处的经济发展阶段、区位特点、发展要求，进行了系统的理论创新。郑州市实施的开放创新双驱动战略突破了开放驱动和创新驱动的思维模式，而且从外部驱动和内部驱动相统一来刻画开放和创新在经济社会发展中的地位和关系，更准确地把握了创新的本质特性，便于人们认识和把握创新在开放创新双驱动战略以及转变经济发展方式中的核心作用。特别是，这一战略理论非常好地解决了城市经济社会系统中发展的动力问题，实现外部驱动力量和内部驱动力量的有效协同，成为这一战略实施成效好坏的重要环节之一。因此，开放创新双驱动战略作为一种新颖的区域发展战略，不仅反映了郑州经济社会发展的历史必然和现实需求，同时也完全符合区域发展战略理论的内在逻辑和方向。

第二节 郑州开放创新双驱动战略面临的机遇和条件

一 郑州实施开放创新双驱动战略面临的历史机遇

（一）创新驱动战略成为国家经济社会转型发展的核心战略

目前，科技创新在国家发展全局中的地位非常突出。创新驱动成为加快转变经济发展方式的中心环节，是发挥比较优势、提升核心竞争力的现实途径，是完善现代化建设总体布局的内在要求。因此，创新驱动战略成为国家经济社会转型发展的核心战略。实现国家发展的战略目标，最根本的是要靠科技的力量，最关键的是要大幅提高自主创新能力。胡锦涛总书记在全国科技创新大会上指出：科技创新和产业发展的相互结合，经济全球化和信息化的交叉发展，为我们带来了必须抓住和用好的重要机遇。科技的力量和自主创新能力成为国家发展战略目标不可或缺的关键支撑。因此，郑州要充分利用经济社会的持续发展提供的良好基础，承科技创新的巨大成就之势，学习历次科技体制改革取得的重大进展为战略积累的宝贵经验，大力促进开放创新双驱动战略的实施。

（二）河南进入了以建设中原经济区为标志的加快发展时期

党的十七届五中全会提出的"互利共赢的开放战略"、《国务院关于支持河南省加快建设中原经济区的指导意见》以及省九次党代会精神，进一步推动了改革开放和内陆开放高地建设，使河南进入了以建设中原经济区为标志的加快发展时期。这个时期，应当紧紧抓住进一步扩大对外开放的契机，提速提效发展河南经济社会。因此，河南今后将把加速开放、科学开放、深度开放、多元开放等方面作为经济社会发展的主旋律。新的时期，河南的开放站在了新的起点。特别是与沿海省份相比，河南承接产业转移具备独特的优势。就是说，国家支持河南建设内陆开放高地，将中原经济区建设上升为国家战略，这为河南对外开放提供了更大平台。河南经过多年的发展已经具备承接高层次大规模产业转移的能力，已经形成较为完备的产业体系。对于郑州来说，整体上已经进入一个关键阶段，在此阶段内对外开放条件日趋完善、开放氛围日趋浓厚。与此同时，招商势头越来越猛，开放创新双驱动战略的实施恰逢其时。

（三）郑州经济社会发展的历史阶段需要新的战略驱动

对外开放30多年来，郑州市经济社会发展确实已经取得举世瞩目的成就，但是由于地处中原腹地，经济发展模式还相对落后，仍然是资源主导型经济，外延增长、粗放发展、投资拉动的情况尚未根本改变，大批制造业企业的生存和发展过度依赖资源和能源消耗，缺乏技术创新能力、动力和活力，缺乏增长方式转型的内生力量。同时开放意识不算很强，无论是开放水平和层次都还存在较大的空间。从整体上看，郑州经济社会发展与国内发达城市特别是与中部地区城市相比，仍然面临着严峻挑战，与中原经济区核心增长区、国家创新型城市以及中心城市等方面的要求还存在较大的差距。为此，要用创新的举措破解发展难题，确立新的开放理念，加快科学技术转移对接步伐，积极搭建技术对接和成果转化平台，构建开放新局面，全力促进大型企业与国内外、省内外科研机构和院校深度合作，实施新的开放创新战略以及全面提高对内对外开放水平和创新能力。因此，实施开放创新双驱动战略，是新阶段破解发展难题而做出的必然选择，并已成为各级政府和社会各界的广泛共识。

二　郑州实施开放创新双驱动战略的现实条件

（一）郑州具有实施开放创新双驱动战略的必要物质基础

多年来，郑州市着力增强经济社会发展的动力和活力，以郑州都市区建设为载体，始终保持了国民经济稳定增长，为实施开放创新双驱动战略提供了必要的物质基础。2014年全市地区生产总值完成6800亿元，增长9.3%；规模以上工业增加值3100亿元，增长11%；地方公共财政预算收入833.9亿元，增长15.2%；固定资产投资5280亿元，增长20%；社会消费品零售总额2915亿元，增长12.7%；城镇居民人均可支配收入29220元，增长9.8%；农民人均纯收入15600元，增长11.4%。主要经济指标在全国35个大中城市中位次持续前移，经济发展的协调性不断增强。产业结构调整成效明显，汽车及装备制造业和物流商贸业呈现良好发展态势，战略性支撑产业持续稳步推进，电子信息产业不断壮大，传统优势产业不断攀升，战略性新兴产业初步形成。同时，郑州都市区空间发展战略规划中期成果通过专家评审，制定郑州建设行动计划，实施效果卓有成效，郑州新区建设变化显著，还提升了中心市区功能，城市组团总体规划方案初步确定，基础设施和部分项目建设已经启动。

（二）重视创新对经济社会发展的引领作用，创新体系初步形成

郑州非常重视创新对经济社会发展的引领作用，创新体系建设初具规模。目前，郑州市拥有郑州大学等49所高等院校，郑州机械研究所等中央、省驻郑科研院所109家，建有各类研发中心895家，拥有博士后科研流动站和博士后科研工作站17个。大型科学仪器共享平台入网仪器设备达到1958台（套），共享率达到65%。国家郑州高新技术产业开发区、国家郑州经济技术开发区、巩义市、上街区、郑州航空港区等区域创新资源集聚效应初步显现。科技创新步伐明显加快，围绕主导产业布局"创新链"、围绕创新资源谋划"产业链"、围绕科技创新项目建立"服务保障链"、围绕"两金一扶"完善"资金链"、围绕人才培育构建"技术链"，着力推进"两器一园"创新创业综合体建设，健全"产学研政资介"相结合的科技自主创新体系。高新技术产业产值完成5600亿元，增长22%，科技进步对经济增长的贡献率达到59%。正是由于高新技术产业的带动作用，使郑州成为国内重要的经济大市，经济发展水平和创新能力在中西部地区处于第一方阵。

特别是，郑州已经获批"国家创新型试点城市"，正在把创新工作的重点从"侧重培育战略先导产业"转变为"促进传统产业改造提升和新兴产业培育"并重，这一转变力争突破核心技术，对传统产业进行改造，建设一批示范作用显著、紧迫性强的重大科技项目，培育壮大战略性新兴产业。目前，郑州市正以协调发展"三化"为主线，以提高科技核心竞争力为目标，扩大对外开放程度，坚持培育壮大创新主体，实施重大科技专项和工程，加快构建自主创新体系，增强科技创新对"三化"协调发展的驱动力量，为全面推进开放创新双驱动战略提供有力的科技支撑。

（三）进一步扩大对外开放，开放环境逐步优化

郑州市不断扩大对外开放，以扩大对外开放水平为目标，实施开放带

动和大招商战略，拓展对外开放的广度和深度，增强开放型经济的动力和活力，取得了招商引资和对外开放的丰硕成果。2014 年，郑州市积极抢抓国家"一路一带"战略机遇，强力推进航空港、国际陆港、郑欧班列、跨境贸易电子商务服务试点、各类海关特殊监管区域和综合性大口岸等政府性要素平台体系建设，使郑州市成为丝绸之路经济带重要节点城市。郑欧班列常态化运营，班次密度、货重货值均居中欧班列首位。国际陆港累计实现集装箱吞吐量 12.5 万标准箱。跨境贸易电子商务服务试点加快推进，位居全国同类试点城市前列。汽车整车进口口岸正式运行，成为全国首家陆港型汽车口岸。肉类口岸、食品药品口岸、粮食口岸加快建设。深入开展集群招商和产业链招商，签约总额达 3124 亿元，实际利用外资35.4 亿美元，增长 6.5%。同时，发挥商务、科技、文化、教育、海关、检疫等职能部门的作用，强化开放意识，自觉服务开放大局，形成开放活力。转变政府职能，创新管理方式，简化审批程序，兑现优惠政策，全面提升服务水平，初步营造了亲商、安商、富商的投资环境。

第三节　郑州开放创新双驱动战略提出的重要意义

郑州市开放创新双驱动战略构想的提出，是在正确分析国内外经济发展趋势和郑州市经济社会发展现状的前提下，根据科学发展观的要求而做出的正确抉择，完全契合实现"三化"协调发展的内在要求、转型发展和科学发展的现实需要以及郑州市作为"国家创新型试点城市"发展的战略要求，是提高综合实力和竞争力的根本途径，是实现"两区两城"发展目标的必然选择，因此该战略具有重要的意义和价值。

一　实现"三化"协调科学发展的内在要求

河南省委卢展工书记提出郑州要在中原经济区建设中"挑大梁，走前头"。"走前头"要求郑州率先探索一条不以牺牲农业、粮食、生态和环境为代价的新型城镇化为引领、新型工业化为主导、新型农业现代化为基础的"三化"协调科学发展之路。其内在要求是必须依靠对外开放、科技创新、管理创新和体制机制创新，真正实现"三化"协调发展，解决经济发展与资源环境之间的冲突与矛盾。在区域经济格局调整中有所作为，有大作为。

郑州实施开放创新双驱动战略完全契合"三化"协调发展的战略要求和郑州都市区建设和创新型试点城市的目标要求。对于郑州来说，没有开放，就没有外来投资项目规模的跨越式增长，就无法利用东部产业转移的大好时机来调整郑州市的产业结构；没有创新，人口、资源、环境和土地的制约就无法突破，经济发展就无法实现高质量的跨越式发展。因此，只有规划、实施开放创新双驱动战略，使开放方位更全、层次更高、领域更宽，创新能力更强、机制更活、环境更优，进而实现在开放中高起点创新、创新中高起点开放，让开放创新有机融合、相互促进、能量共生、协调发展，才能构筑郑州市未来发展的特色和优势，真正实现"三化"协调科学发展。

二 壮大产业规模和转型发展的现实需要

目前，郑州开放程度较低，开放水平不高，产业规模不大，对经济发展的支撑作用不强；创新能力有待提升，产品附加值较低，产业结构不合理，资源型产业占50%以上，受土地、资源、环境的制约日益严重，发展空间日益狭小，面临着转型升级的艰巨任务。要解决上述问题，必须实施开放创新双驱动战略，加快实现发展方式从资源依赖向创新驱动转变。

未来一个时期，郑州面临的既是一个经济发展的黄金期，也是一个社会矛盾的凸显期。无论是抢抓机遇，还是解决矛盾，都必须进一步鼓励全市人民在新的起点上继续创新创业，鼓励发展理论创新、机制体制创新、科技研发创新、管理模式创新和文化思想创新。只有这样，才能为发展注入新的动力。实施开放创新双驱动战略，是坚持科学发展、促进社会和谐的内在要求。只有开放创新，才能使劳动、知识、技术、管理和资本的活力竞相迸发，才能使郑州经济社会始终保持全面协调可持续发展的良好势头。实施开放创新双驱动战略，是郑州市继续走在河南省前列的战略举措，在高起点创新基础上的经济开放，能使郑州经济保持持续快速发展。只有在创新中开放、在开放中创新，郑州的发展才能继续走在全省的前列。

三 提高综合实力和竞争力的必然选择

城市发展的竞争主要是综合实力的比拼。2011年，美国提出要保持自身在创新能力和科研基础设施等方面的竞争力。俄罗斯提出到2020年研究与开发支出占 GDP 的 3%，力争在高技术产品和知识型服务市场上跻身世界前列。长沙提出"十二五"期间综合实力挺进省会城市前五强的目标，合肥提出打造现代化新兴中心城市、全国有较大影响力的区域性特大城市的发展目标。作为内陆城市，与沿海沿江发达城市相比，郑州必须奋起直追，加快开放速度，提高开放程度，提升创新能力，依靠开放和创新、内生与外源的协同驱动作用，尽快提高综合实力和竞争力。否则，必然在激烈的区域竞争中落伍，在国家未来战略布局中被弱化和边缘化，被淘汰出局。

四　实现"两区两城"发展目标的根本途径

2012 年 3 月，郑州市被科技部列为"国家创新型试点城市"，对提升其创新能力和创新水平、加快发展方式转变具有建设性和指导性意义。为了搞好"国家创新型试点城市"建设，郑州市必须以科学发展观为指导，以中原经济区郑州都市区建设为载体，抓住发展机遇，围绕郑州都市区建设，大力实施开放创新双驱动战略，以支撑经济发展方式转变为主线，以增强自主创新能力为核心，以"点（培育创新型企业）—线（构建产业科技创新战略联盟）—面（培育创新型产业集聚区、创新型区域）"相结合为主模式，以组织落实、资金投入、政策引导、环境建设为保障，不断完善区域创新体系，提升城市创新能力，把郑州建成中西部地区创新活力充裕、创新动力强劲的国家区域性中心城市。按照《郑州市建设国家创新型试点城市行动计划（2012—2016）》的要求，到 2016 年，建立起一个全国示范性的区域创新体系，以支撑郑州都市区发展，并辐射带动中部地区经济发展。另外，更加紧密结合科技与经济发展，力求把郑州打造成为具备健全创新体系、优良创新环境的国家创新型城市，成为中部地区自主创新的引擎；成为国家战略性新兴产业的重要基地、开放合作创新的典范、国家创新体系的重要战略支点。为了达到这个目标，今后郑州市必须要大力加强科技创新。

在此基础上，郑州市委、市政府提出了"两区两城"的发展目标。建设"两区两城"是生产力布局、城市组织体系和区域发展模式的重大创新，只有不断加快开放创新才能统筹区域重大基础设施建设，才能整合因行政区划割裂的要素配置方式和生态建设体制，才能充分利用市场机制促进产业集聚，提升发展质量和水平，促进经济社会更好更快发展，实现"两区两城"建设目标。

第二章　思考与求解：郑州开放创新双驱动战略的理论构想

第一节　郑州开放创新双驱动战略的基本内涵

郑州市开放创新双驱动战略是以开放、创新为动力，通过开放创新的内外协同驱动，促进开放型经济和创新型经济（"两型"经济）同步发展，实现郑州市经济社会的跨越发展。主要包括以下几个层面的含义：（1）开放和创新是郑州经济社会发展的内、外部驱动力量。通过开放充分发挥郑州自身要素禀赋优势，吸纳和利用国内外各种资源。通过创新使发展方式从粗放型向集约型转变、由要素驱动型向创新驱动型转变。（2）开放和创新的内外协同作用是郑州市开放创新双驱动战略的本质特征和关键所在。坚持内生与外源并重、自主与开放结合、持续与跨越统一，通过协同实现开放创新互动并进，相互融合，能量共生。（3）经济社会的跨越发展是郑州市开放创新双驱动战略实施的目标任务。开放创新渗透到科技、经济、教育、文化、社会管理等经济社会各个层面，在提升产业层次和促进经济转型的同时，可以促进整个城市的转型升级和跨越发展。（4）开放型经济和创新型经济同步发展是实现郑州市开放创新双驱动战略目标的主要途径。只有通过开放创新协同驱动将开放型经济与创新型经济同步发展，两步并作一步走，才能在前有标兵、后有追兵的竞争格局中挑大梁、走前头。

第二节　郑州开放创新双驱动战略的动力要素

郑州开放创新双驱动战略的动力要素主要包括开放、创新以及开放创新的协同作用。

一　开放：郑州经济社会发展的外部驱动力量

开放作为郑州经济社会发展的驱动力量就是通过开放驱动开放型经济发展，使郑州在充分发挥自身要素禀赋优势的同时，在全球范围吸纳和利用各种资源，实现要素最佳配置，以谋求自身发展效益最大化。

（一）对开放概念的科学界定

开放是我国经济社会生活中使用频率最高的术语之一，但对于其具体内涵目前尚无定论。结合专家学者的研究，我们认为，开放概念具有以下三层含义：

1. 开放是我国现阶段经济社会制度的固有属性

人类社会历史发展的进程表明，封闭状态的社会是与自然经济形态相联系的，而开放状态的社会则与商品经济和市场经济形态相联系。随着物质生产力的社会化和市场经济的发展，人类社会必将从封闭状态的社会走向开放状态的社会。我国是以社会化大生产和市场经济为物质基础的社会，客观上都具有开放的共性，可见，开放是与我国经济社会发展阶段相适应的社会属性。因此，开放是我国一项长期的基本国策，不能把开放理解为一项政策，也不能仅仅理解为一种手段。如果将开放仅仅理解为一项政策，那么也就意味着我们可以开放也可以不开放，可以在此时此地开放，也可以在彼时彼地不开放，这就无疑降低了开放的价值。开放也不仅仅是一种手段，更重要的是一种战略，只有这样，才能从根本上提高执行开放政策的自觉性。

2. 开放是我国现行经济社会政治改革和制度创新

开放首先是要改革原来封闭的经济体制。开放包括对外开放和对内开放，意味着打开国门和冲破地域的限制，将国际竞争广泛地引到国内经济生活中来，从而促进本国和本地区生产要素积累，调整部门行业之间的资源配置，推动技术进步，改善收入分配，进而达到促进本国和本地区生产力快速发展之目的。与此相适应，必须有一套学习、吸收、转化的有效机制，因此，开放的本质在于制度创新。但是，我国是从推翻封建专制经济制度、改革高度集中统一的计划经济体制的基础上实行开放的，可以说，开放的经济制度的内生环境和基础非常薄弱。要实现经济从封闭走向开放，必须改变政府的有关政策、修改调整相关的法律、更新公众的思想观念、建立起一套消化吸收资金、技术和设备的机制等。因此，开放不仅仅是影响经济社会发展的一种外生变量，也是制约经济社会发展进程的一种内生变量。开放型经济的建立，是一项从物质生产到意识形态、从经济基础到上层建筑、从个人到集体、从国家到社会的规模宏大、程序浩繁的配套变革过程，绝不是一朝一夕可以完成的，我们认为，引进外部资金、技术和人才是实现开放的重要内容，但只不过是其中的一个部分。只有这样认识，我们才会对开放的艰巨性有充分的思想准备。

3. 开放是一种政策，首先是一种经济政策

开放的社会制度和开放的体制只有通过开放的政策来体现，因此，开放政策就成为一个重要手段和途径。我国要实现新世纪发展战略目标，要靠坚定不移地执行改革开放政策。首先是经济领域的开放，在此基础上还要实行教育、文化、科技等领域的开放；不仅是对国内的开放，更要全方位地对世界开放。因此，开放是我们必须长期坚持的一项基本国策。

因此，我国30多年的实践已经表明，我国经济的高速增长是在开放条件下实现的。开放既符合我国经济发展的客观要求，也顺应了经济全球化条件下国际分工深化、国际竞争加剧、国际经济合作日益紧密的历史潮流。

（二）创新型开放的内涵及其表现形式

创新型开放是指主要依靠产业、科技、知识、人力、文化、体制等创新要素驱动发展的开放，是以创新为基础的开放，其基本内涵一般体现在创新开放的理念、模式、体制、政策以及环境等方面。

创新型开放的表现形式主要有：

1. 创新开放理念

创新开放理念，第一，要强化开放意识，切实增强扩大开放的主动性和自觉性。大力学习和培育艰苦创业的精神，摒弃"区位论"和"机遇论"衍生的等、靠、要思想。招商引资要取得成功，必须付出非同寻常的努力，敢想、敢说、敢做、敢为人先，广大干部甩掉帽子，放开胆子，豁出身子投入到招项目、引客商、促发展的工作中去。第二，树立"大

开放"理念，把握互利共赢原则，主动适应快速变化的内外环境，克服抱残守缺的老观念老思路，立足自身竞争优势，加强理念创新、政策创新和工作方法创新，想方设法寻找新途径，研究新举措，拓展新空间，不断培育新的增长点，加快构建双向开放、内外互动的全方位开放格局，坚持"引进来"和"走出去"、对外开放和对内开放紧密结合，更加深入地参与全球产业分工和区域经济合作，不断拓展新的发展空间。第三，努力促进"三大转变"，即从政策优惠差别式向统一规范式转变；从发展中地区模式向较发达地区模式转变；从学习模仿向掌握更多核心技术和拥有更多自主知识产权转变。第四，要坚决革除地方保护主义和部门利益至上的思想，主动从招商的角度研究政策，从引商、爱商、扶商的角度执行政策，切实把宽松的执政理念和优惠政策落到实处。

2. 创新开放模式

党的十一届三中全会以来，对外开放成为我国的一项基本国策，从开放模式上看，我国采取的是渐进式对外开放模式。最初启动开放进程所采用的特殊政策体系以及针对特定地区和对象采取差别待遇和优惠措施，是开放初期的一种必要的表现形式。但是，这种利用优惠政策谋求开放发展利益的模式，又不可避免地造成土地、自然资源与劳动力价格的扭曲，这不但损害开放经济增长的质量效益，也并不符合世界通行的贸易规则。这促使我国开始从引致扭曲的制度根源入手，进行一系列改革，努力构建完善的开放市场经济体制，实现从政策性开放到体制性开放的转变。30多年的实践表明，我国的对外开放不是局部的或有限的开放，而是对外部世界的全方位、多角度、大视野的开放；不仅是对国外市场开放，国内各地区之间也在相互开放；不仅是市场的开放，也是思想和观念的开放。

当今，我们已经处于日益开放的世界中，开放模式的选择本身对经济运行具有全局性的影响，直接影响到生产资源的配置布局和收入分配的平衡关系，开放模式的调整和优化是实现经济发展转型的必要条件。从适应性的对外开放转向自主性的对外开放，是内部经济发展阶段变化对开放模式的要求。郑州作为一个内陆省会城市，其对外开放模式也应该基于中原经济区建设中的定位和内陆城市的特点而不断创新或探索。内陆城市的对外开放一般经历两个阶段：适应性对外开放阶段和自主性对外开放阶段。其中，在第一阶段，由于经济发展水平较低，具有明显的门户开放特征，主要是参照国际经济惯例来调整内部的经济运行。在第二阶段，随着经济综合实力的增强以及在国际经济生活中地位的提升，对外开放更多地显示出自身的特征和自主性的选择，更多地考虑协调对外开放与自身经济发展之间的关系，让对外开放更好地服务本地经济的发展。根据郑州在中原经济区发展中的地位以及工业化发展阶段的判断，郑州的对外开放正处于从第一阶段向第二阶段过渡时期。因此，郑州对外开放模式，不应该仅仅是简单的承接产业转移，而应该是通过人才、科技、市场、劳动力、土地、资源与能源等多方面进行的开放合作。

为此，第一，郑州应该继续坚持扩大生产型开放，即通过扩大有形生产要素的投入来提高发展速度，更早、更主动地扩大领域，拓展空间，在技术、人力、知识、资金、市场、土地等要素市场进行全方位尝试，全维度开放。进而通过扩大开放来拉动本地消费，拉动全域经济的持续增长。第二，郑州要更多地利用外部的无形资源来改善资源的配置效率。比如通过国际技术交流增强自主技术创新的能力，在扩大国际经济交往中加速内部的制度创新，产业结构调整注重高端产业和产业高端，注重产业链和集群聚集效应等。第三，郑州对外开放要重视形成双向经济交流，在继续积极引进和利用外商直接投资的同时，也积极鼓励本市企业走出去，使规模不断增大、领域不断扩展、层次逐步提高、范围不断拓展。

3. 创新开放体制

体制和制度是两个不同的概念：制度反映着一个社会的本质特征，而体制是一定制度所采取的具体形式，开放体制的创新必然会带动我国开放制度的创新。根据《国务院关于支持河南省加快建设中原经济区的指导意见》，河南省要"大胆探索，勇于创新，在重点领域和关键环节的改革上先行先试，全方位扩大对内对外开放，加快形成有利于'三化'协调发展的体制机制"。郑州作为中原经济区的核心增长区要运用国家赋予的先行先试权，不断破解体制机制难题，坚持扩大开放，不断拓展新的发展空间，以改革开放促发展、促创新，在城乡资源要素配置、土地节约集约利用、农村人口有序转移、行政管理体制改革等方面先行先试。

为此，首先，要积极探索建立符合郑州主体功能定位的财政政策导向机制。深化投融资体制改革，加快发展完善资本、产权、技术、土地和劳动力等要素市场，推进资源性产品价格改革，提高资源税税率。第二，要积极打造对外开放平台，营造与国内外市场接轨的制度环境，完善涉外公共管理和服务体系，加快形成全方位、多层次、宽领域的开放格局。加强与港澳台经济技术和贸易投资领域的合作，加强与沿海港口口岸的战略合作，加快郑州新郑综合保税区建设，推进"一站式"通关和电子口岸建设，创新监管模式，加快郑州内陆开放型经济示范区建设。第三，强化区域发展分工与合作，推进与毗邻地区在基础设施、信息平台、旅游开发、生态保护等重点领域的合作，加强在科技要素、人力资源、信用体系、市场准入、质量互认和政府服务等方面的对接。第四，要发挥区位优越、劳动力资源丰富等优势，鼓励与东部地区合作承接沿海加工贸易梯度转移，完善产业配套条件，打造产业转移承接平台，健全产业转移推进机制，全方位、多层次地承接沿海地区和国际产业转移，形成有序承接、集中布局、错位发展、良性竞争的格局。

4. 创新开放政策

科学定位、优化布局，实行以城市形象统一对外招商引资活动，调整郑州市招商引资和商务发展的政策，实施相对统一的对外招商引资政策和办法，建立招商项目协调管理机制和新的利益分配机制，促进各区招商引资和商务合作，全面提高对外开放水平，不断提高经济外向度，在更大范围、更广领域、更高层次参与国际经济合作与竞争，构筑全方位、多层次、宽领域的对外大开放格局。

为此，第一，要建立郑州市招商引资工作联席制度，形成整体招商格局。各区定期通报情况、交流信息，在项目前期开发、客户资源共享、投资环境共建方面形成合力。以中原经济区郑州都市区的名义统一对外发布招商项目，联合出台招商政策，合理安排各区的招商活动，避免主题重复，无序竞争。第二，以实现"三化"协调、推进"三新"为目标，进一步落实郑州市招商引资重点。在加快推进新型工业化方面，以引进高新技术和先进适用技术项目为重点，加快传统产业的提质改造，进一步促进工业在全市范围内的集中集聚，建立健全工业项目在全市范围内的集中集聚机制，着力建设特色产业集聚区，发展特色产业集群和基地。必须根据各区的比较优势、产业基础、发展前景科学确定主导产业，促进生产要素向优势地区、优势行业、优势园区集聚，尽快改变各区产业结构雷同的局面。在推进新型城镇化方面，紧紧抓住中原经济区建设的大好机遇，加强城市基础设施的招商引资工作，推进城市提质扩容，进一步完善城市配套功能。要尽可能促进非农产业和农民向大中城市集中，以获得尽可能高的规模效益和聚集效益，争取较高的发展速度和质量。建设中原经济区，促进中原崛起，一个突出的问题是郑州规模太小，人口太少，实力还不够强，尽快把郑州以及其他省辖市做大做强，对于中原崛起河南振兴具有重要意义。郑州要重点发展服务业，特别是发展商贸物流业。大幅度优化商贸物流环境，吸引尽可能多的商户来郑州等地经商，形成全国最大的商贸物流中心，带动周边制造业集群发展。同时要大力开展现代服务业的招商引资引智工作，力争在金融、物流、电子商务、法律、中介、服务外包等方面的引资工作取得突破。在推进农业现代化，加快新农村建设方面，加大农产品深加工项目的引进，以农产品加工业的发展引导带动农业结构调整，以支农工业的发展和农业科技的进步推进农业结构升级，以农民向城镇的持续稳定转移促进农业的规模经营和现代化。第三，加快境外招商引资步伐。采取切实措施，推动境外机构的招商引资工作。要打破各区的地域和行政分割，实现资源共享，采取市场运作的办法，在企业的境外机构设立招商引资联络处。郑州市统一包装一批优势产业项目，在境外举办招商引资说明会，引进有雄厚资金实力、核心技术、先进管理、对市场具备引导和控制力的战略投资者。

5. 创新开放环境

环境是吸纳资本投入、促进项目落地、集聚提升人气的关键要素，必须致力于创造、优化与开放型经济相适应的投资兴业环境，让郑州成为投资兴业的"福地"和"沃土"。为此，除了着力转变政府职能，完善开放体制和政策以外，还应该在以下几个方面实现突破或创新：

第一，要着力增强郑州的文化软实力。必须深度挖掘中原文化丰富内涵，大力推进文化强市建设，助推开放型经济发展。引导广大市民树立面向未来、融入世界的开放意识，谦虚礼让、团结友善的包容意识，积极向上、勇于竞争的进取意识，努力塑造适应城市国际化要求的市民素质。积极发展公益性文化事业，深入实施文化惠民工程，加快推进公共文化设施建设，推动公共文化资源向基层延伸、向农村倾斜；切实增强中原文化的吸引力和影响力，大力发展文化产业，重点培育现代传媒、动漫游戏、创意设计等富有活力、形态多样的文化产业集群，不断提高文化产业的竞争力。

第二，以开放驱动经济发展的重要基础就是城市建设。只有城市的功能更完善、发展的环境更优良，才能吸引更多企业来投资，为郑州的开放型经济发展提供优良环境。目前，郑州市制定的《郑州市城市总体规划（2008—2020 年）》已得到国务院同意。在规划中，郑州市政府强调要加快公路、铁路和机场等交通基础设施建设，改善城市与周边地区交通运输条件；建立以公共交通为主体，各种交通方式相结合的多层次、多类型的城市综合交通系统；统筹规划建设城市供水水源、给水、污水和垃圾处理等基础设施。这将为郑州打造内陆开放型经济提供良好的发展环境。

第三，以开放驱动经济发展的重要支撑就是人才引进。在引进人才方面，要从长远眼光出发在全国和全球范围内引进一切愿意到郑州创业的人才，并制定引进人才的相关政策，为他们施展才华创造条件、搭建舞台。同时，在人才引进过程中，要始终坚持：凡是对郑州发展有益的人才，都要不拘一格选拔、启用、重用，真正形成人才良性互动机制，为郑州开放型经济的发展提供智力支撑。

第四，用足用活优惠政策，对投资者要求的优惠政策，在遵守国家法律法规的前提下及权限范围内，采取一事一议的办法进行办理。及时清理和规范阻碍对外开放的相关行政法规和规章，做到少收费或不收费，对确需保留的要由政府统一公示，让全社会监督。

第五，坚决清理不合理的行政审批项目，实行行政手续告知制度，公布行政审批"路线图"，实行限时审批，坚决杜绝吃拿卡要、有意刁难、办事拖沓的行为，提高政府办事效率。

第六，为外商提供生活、居住、医疗保健、子女入学、中介服务等方面的良好环境。

二 创新：郑州经济社会发展的内在驱动力量

创新作为郑州经济社会发展的驱动力量就是通过自主创新驱动创新型经济发展，在加速产业规模扩张和促进 GDP 高速增长的同时，使经济发展方式从粗放型向集约型转变、从出口拉动型向内需拉动型转变、从投资拉动型向技术进步型转变、从技术引进型向自主创新型转变、由要素驱动向创新驱动转变。如果郑州市的经济社会发展依靠持续创新，靠自主知识产权，靠内需拉动，就真正走上了以创新驱动为特征的创新型经济发展道路，就真正提升了产业发展层次，实现了经济转型，进入了创新驱动、内生增长的良性发展轨道。

（一）创新的科学内涵

1. 创新的科学内涵

近些年来，"创新"一词非常流行，由于一些人缺乏对创新概念的全面理解，往往将"创新"与"发明"、"发现"混为一谈。创新（innovation）一词源于拉丁语"innovare"，其意是更新、制造新的东西或改变，不仅强调新技术、新知识和新方法等，而且更强调将这些新知识、新技术和新方法进行商业应用。

最早提出"创新"概念的是美籍奥地利经济学家约瑟夫·熊彼特。他于 1911 年出版了德文版《经济发展理论》一书，该书于 1934 年被翻译成英文出版，翻译时，首次使用了"创新"一词。1928 年，熊彼特在《资本主义的非稳定性》一文中首次提出创新是一个过程。1939 年熊彼特出版了《商业周期》一书，在该书中他对创新理论进行了比较详细的论述。熊彼特并没有对"创新"一词提出明确的概念界定，他总体上认为"创新是新的生产函数的建立"，即"企业家对生产要素的新组合"，并列举了五种创新的类型：引进新产品；引用新技术或新的生产方法；开辟新市场；控制原材料新的来源；引入新的组织形式。在这里，熊彼特将"创新"定义为技术、市场、组织等方面广泛意义上的企业创新。Porter（1990）指出，创新指企业取得竞争优势地位的重要手段，通过设置行业进出壁垒，为企业带来超出行业平均水平的经济租金。由于技术创新在现代经济发展中的地位日益重要，继熊彼特提出创新概念之后，国内外一大批学者依据各自研究目的从不同的角度开展了技术创新的研究。

20 世纪 50 年代初，索洛（S. C. Solo, 1951）进行了较为全面的技术创新理论研究，在《在资本化过程中的创新：对熊彼特理论的评论》中，首次提出了技术创新成立的两个条件，即新思想来源和实现。此后，不少国外学者包括麦克劳林（Maclaurin）、拉坦（Ruttan）、朱克斯（Jewkes）等都对技术创新概念做了一些较为接近的研究。20 世纪 70 年代，曼斯费尔德（M. Mansfield, 1971）在技术创新领域的研究对象主要侧重于产品创新，他认为企业的产品创新是从新产品构思开始的，即从新产品或者新工艺的研发开始直到一个新产品或者新工艺首次商业化引入的过程。20世纪 80 年代，缪塞尔（R. Mueser, 1985）通过分析整理在技术创新领域的多种研究观点，加上自己的研究视角，认为技术创新是以其构思新颖性和成功实现为特征的有意义的非连续性事件。他强调了技术创新两个比较重要的方面：活动的非常规性包括新颖性、非连续性和活动必须成功实现商业化转化即在市场上获得利润，这一观点反映了技术创新最根本的特征。

与国外相比，我国对于技术创新的研究起步比较晚，20 世纪 80 年代中后期，国内的许多学者和高校从多个角度对技术创新展开了丰富的研究，其中最具代表性的是由清华大学经济管理研究所的傅家骥（1998）教授提出的技术创新概念，他认为技术创新是企业家抓住市场的潜在盈利机会，以获取商业利益为目标，重新组织生产条件和要素，建立起效能更强、效率更高和费用更低的生产经营系统，从而推出新产品、新的生产（工艺）方法、开辟新的市场、获取新的原材料或半成品供给来源或建立企业的新的组织，它是包括科技、组织、商业和金融等一系列活动的综合过程。在1999年《中共中央国务院关于加强技术创新，发展高科技，实现产业化的决定》中指出：技术创新是指企业应用创新的知识、新技术和新工艺，采用新的生产方式和经营理念，以提高产品质量，开发新产品，提供新服务，扩大或占有市场份额并实现市场价值（周三多，2005）。

可见，创新本质上是一个经济学概念，创新的目的是为社会提供新的产品或者将新的生产工艺应用到生产过程中去，这包括在技术上的发明创造和在商业上的实际应用。创新在本质上就是一个过程，是实现创造发明潜在经济社会价值的过程，其重心在于技术创新，技术创新需要组织创新、管理创新等方面创新的相互配合。当前国际社会存在两个较为权威的创新定义：一是2000年经合组织（OECD）《在学习型经济中的城市与区域发展》报告中提出的："创新的含义比发明创造更为深刻，它必须考虑在经济上的运用，实现其潜在的经济价值。只有当发明创造引入到经济领域，它才成为创新"；二是2004年美国国家竞争力委员会向政府提交的《创新美国》计划中提出的："创新是把感悟和技术转化为能够创造新的市值、驱动经济增长和提高生活标准的新的产品、新的过程与方法和新的服务。"这就确认了"创新"在社会经济发展中极其重要的地位和作用。

2. 正确处理三大基本关系

要深入理解开放创新双驱动战略基本内涵，必须把握好以下三种关系：

（1）坚持"内生与外源并重"。内生与外源并重就是要通过制度创新、体制创新，增强现有科技力量创新的内生动力；通过加强与外部合作，吸纳外部创新要素和创新成果聚集郑州。"内生"就是要将创新作为驱动郑州市转型发展、跨越发展的内部力量。创新驱动，最重要的是制度创新、体制创新，并由此带动观念和科技创新。只有制度和体制创新，深化各类资金的投入管理制度改革，加强资金投入的引导性、聚焦性、前瞻性和公共性，才能提高各类资金使用效率；只有制度和体制创新，才能完善服务平台和营造良好的创新环境，为创新企业营造良好的发展环境，才能让产业更快发展；只有制度和体制创新，构筑更加科学合理、自由宽松的人才制度环境，最大限度地激发人才的创新创造活力，才能让人才发光。"外源"就是要将开放作为驱动郑州市转型发展、跨越发展的外部力量。开放驱动，就是要以更加开放的胸怀、思想和办法，来吸纳一切创新要素；要不断创新开放的理念、模式、体制、政策和环境，吸纳和利用来自全球范围内的各种资源，以实现郑州市经济社会的快速发展。

（2）坚持"自主与开放结合"。自主与开放结合就是坚持自主创新与开放带动相结合，引进、消化、吸收再创新。"自主"就是要将自主创新作为增强竞争力和发展后劲的动力，作为转变经济发展方式的根本途径；就是要通过优化和完善科技创新体系，取得若干领域上的优势，集中目标，进一步夯实自主创新的基础，持续增强自主创新能力，逐步提高知识的生产和应用，并实现知识转移层次和效率的提升；就是要把自主创新作为经济转型升级的关键，努力推动科技成果转化，大力发展高新技术产业，培育发展战略性新兴产业，改造提升传统产业。"开放"就是要以开放的视野谋发展，以开放的胸怀促合作，以开放的力度求跨越；就是要在对外开放中，不断引进、吸收外部的创新成果，并进行再创新，不断提升创新能力；就是要积极寻找外部的合作资本、技术特许、委托研究、技术合伙和战略联盟，建立合适的创新合作商业模式，更快地将创新思想变成现实生产力。

（3）坚持"持续与跨越统一"。持续与跨越统一就是在以开放创新驱动郑州市社会经济持续快速发展的基础上，通过开放水平的提升和创新能力的突破，实现社会经济的跨越式发展。"持续"发展必须坚持科学发展，好字当头、又好又快，在发展中促转变、在转变中谋发展，坚持真抓实干、务求实效。"跨越"发展是在科学发展观的统领下，立足实际、遵循发展规律，坚持速度与质量统一、富民与强省统一，实现好中求快、又好又快地发展。郑州一定要紧紧抓住难得的历史机遇，凝心聚力，心无旁骛，不动摇、不懈息、不折腾，坚定信心决心，在持续发展中实现跨越，在跨越中持续发展；实现跨越发展、持续发展的有机统一，抢占未来发展的制高点。

（二）创新的主要形式

根据创新的内涵，创新按照其内容可划分为观念创新、制度创新、管理创新、文化创新和技术创新等。而其中重要的是观念创新，没有观念创新就没有制度、管理、文化等方面的创新，观念创新引起其他创新，而这些创新又为技术创新提供了良好的外部环境。多数人观念创新了，上升到制度创新、管理创新和文化创新等，才能有力地促进技术创新。

1. 观念创新

一切创新都源于人的思想观念的创新，在创新活动中，观念创新具有先导作用。知识经济时代要求技术、产品、市场、组织等方面的创新，但这些创新必须以观念创新为先导。观念决定思路，思路决定出路，不同的观念导致不同的思路，不同的思路导致不同的效果。因此，要破除因循守旧、故步自封的保守思想，树立大胆创新、敢闯敢试的进取意识。当前，把转变经济发展方式作为贯彻落实科学发展观的必由之路，坚定不移推进结构调整和自主创新，突出发展开放型经济和创新型经济，突出提升集约发展水平，着力推动经济发展方式由主要依靠物质资源消耗向创新驱动转变、由粗放式增长向集约型发展转变、由城乡二元结构向城乡发展一体化转变。坚持市场导向，不断增强经济发展的内在动力。坚持创新导向，进一步激发全社会的创造活力。坚持统筹导向，促进经济与社会、城市与农村全面协调发展。坚持法治导向，为加快"两个率先"、构建和谐社会营造良好法治环境，努力实现郑州经济的跨越。

2. 制度创新

国内外市场经济发展实践证明，制度创新是技术创新活动取得成功的保障。没有制度创新，就不可能有管理的创新，就不可能有技术的创新，就不可能有新的生产运营模式的创新。制度创新主要表现在以下 5 个方面：

（1）面向创新进行制度设计与创新。面向创新的制度设计以最大化调动区域内创新要素投入到创新活动为目标，因为好的制度环境是区域创新活动开展的基础，直接影响区域科技创新、管理创新等创新能力的形成，而且特定时期、特定条件下效果良好的制度设计不能一劳永逸，制度本身也需要不断地创新。各国经验表明，国家创新战略的成功不仅取决于经济、科技政策的协调配合，尤其是财税、政府采购经济政策对自主创新起着至关重要的支持作用，还取决于政府各部门间的协调配合和社会各界的共同努力，以及政府对科技管理和体制进行的创新和改革。目前，制约郑州市经济发展方式转变的体制性障碍依然存在，只有通过加强体制创新来消除这种体制性障碍，才能从根本上解决创新与经济脱节的问题，也才能建立和完善有利于创新的体制和政策环境，充分发挥创新驱动对经济发展的关键性作用，不断增强经济增长的内生动力，为加快经济发展方式转变提供制度保障。

（2）完善国家和区域创新体系，为经济发展方式转变创造更加完善的制度环境和良好的创新氛围。要通过有效实施科技创新工程，构建更多基于战略性新兴产业创新需求的科技创新战略联盟，加强创新型企业建设和科技创新服务平台建设，尽快建立和完善以企业为主体、市场为导向、产学研用相结合的科技创新体系。只有这样才能使科技创新更加贴近经济、更加贴近市场，支撑经济发展方式的转变。

（3）改革和提升教育理念，发挥教育对创新的支撑作用。纵观各国的自主创新，教育体制在创新方面扮演着极其关键的作用，教育体制决定了教育的导向和质量，决定了大学在创新中扮演的功能和角色。一个不断创新的教育体制，能够不断完善，能够越来越好地发挥学校在教育中的功能，能够培养出越来越多的富有创新精神、执着于创新、将创新转化为应用的各类人才，能够有力地承担创新的重任。

（4）进行创新性的机制设计，创造公平竞争环境。为了促进创新，还要对机制进行创新性的设计，创造公平竞争的环境。对于郑州市十二五期间重点发展的支柱性产业，例如新能源、新材料和生物医药等战略性新兴产业，一定要通过创新性的机制设计，给予扶植和支持，创造有利于新兴产业发展的公平的竞争环境。

（5）在创新驱动战略过程中，有效的领导和协调机制，可以有效地降低创新管理活动的管理和执行成本，有助于创新战略的实施和执行。领导和协调旨在鼓励创新型人才的成长，规范市场秩序以及实现知识产权的有效保护，同时，还需激发市民科技创新意识和行为，设计目标一致的财税、金融、政府采购等政策体系，以此推动政府良好服务等的发展。按照现代企业制度要求，进一步完善国有企业法人治理结构和内部管控体系，以市场机制促进国有企业做大做强，重点支持一批优势企业通过资本市场迅速做大。创新行政管理体制，坚持实施和不断创新"小政府、大社会，扁平化、事业部制"的管理方式，减少决策层级，简化行政审批程序，提高办事效率。

3. 技术创新

技术创新是创新的核心，是改善产品结构，提高产品附加值，增强企业竞争力的根本手段，是促使产业结构高级化的主要动因，是国家创新系统的重要组成部分，是科学技术与经济活动相结合的综合性活动。正如管理学大师德鲁克（P. Fdrucke, 1985）所说的："对变化，只有创新。谁继续以往的做事方式，注定会带来灾难乃至灭亡。"因此，技术创新已经成为企业可持续发展的基石和构建核心竞争力的强大动力，同时也是一个国家经济增长的基础，事关国家的综合国力和国家经济安全。

一般情况下，技术创新包含两个方面：一是产品创新，即以技术为基础的产品商业化，既可以是拥有全新技术产品的商业化，也可是原有产品技术层面上的改进。二是过程创新，主要指产品生产技术上的重大变革，包括新工艺、新设备及新的经营管理和组织方法的创新。在知识经济时代，每个企业都要善于根据市场预测和竞争对手的情况，制定自身产品技术发展的战略和主要目标，建立有效的技术创新机制，不断提高企业技术创新能力。但我国企业技术创新仍然存在很多困难和问题，大部分企业还不具备高水平自主创新的能力，大多处于全球价值链分工的低端位置，缺乏核心技术和自主知识产权，相当一部分核心技术仍受制于人，已成为约束我国企业整体竞争力的"木桶短板"。特别是在当前技术迅猛发展、全球化市场竞争激烈的背景下，企业的生存环境发生了根本性变化，日益激烈的市场竞争环境对企业自主创新能力提出更严峻的挑战。要改变这种状况，必须突出企业在技术创新中的作用，建立创新系统、创新联盟以及技术研发平台，锻炼自己的技术开发队伍，在此基础上，通过自主创新形成内生技术，建立企业自主技术创新的立足点。否则，单纯引进技术会导致企业的技术依赖，削弱企业自身的自主创新能力。

4. 管理创新

无论是产品创新、技术创新还是制度创新，都要依赖于企业管理职能在各个管理层次的逐步实施和具体执行。因此，管理创新在企业创新中占据非常重要的位置，是企业创新的保障。管理创新包括管理理念、管理的组织体系、管理模式、管理方法和管理评价体系的创新。

（1）要从公共政策入手加快郑州市政府职能的转变。逐步建成重服务、重监督的服务型政府，依法公开财政支出、产业政策等相关信息，为市场经济发展提供良性的公共服务环境和条件。

（2）要从战略的高度来重视科学技术的发展。大力推动科技进步，建立和完善以企业为主体的科技创新体制，推动科研院所改制的步伐，形成鼓励科技人才创新的机制。与我国宏观管理创新战略相适应，郑州市可将管理创新型经济的创新定位为：建立郑州市区域创新体系，造就一批高素质人才，扶植一批高科技的支柱产业，搞好产、学、研、用的结合。

（3）要从国际贸易的拓展视角开展管理创新。要善于利用世界贸易组织的例外条款、区域贸易保护条款、非歧视原则以及争端解决机制，为我国的民族产业发展提供保护。

（4）从国际经济关系的协调发展和国外先进技术的吸收着手推动管理创新。既要突出创新意识，加快创新步伐，突出技术革新，还要强化知识产权意识，积极申请专利，积极运用专利战略，通过专利占领科学技术的制高点，从而在国际市场竞争中保持技术领先地位并占据主动权。

5. 组织创新

任何组织机构经过合理的设计并实施后，都不是一成不变的。组织创新就是通过不断调整和变革组织结构和管理方式，使其能够更好地适应组织内外部环境的变化，从而提高组织活动效益的过程，其主要内容就是全面系统地解决组织结构与运行以及组织间联系方面所存在的问题。对企业来讲，组织创新的具体内容包括组织的职能结构、管理体制、机构设置、横向协调、运行机制和跨组织联系6方面创新：

（1）职能结构创新。要解决的主要问题包括：走专业化道路，分离包括辅助作业、生产与生活服务、附属机构等在内的企业非生产主体，发展专业化社会协作体系，优化企业生产经营体系，集中资源强化企业核心业务与核心能力。加强市场研究、技术开发、产品开发以及市场营销、用户服务等环节，同时加强对信息、人力资源、资金与资本等重要生产要素的管理。

（2）管理体制创新。管理体制是指以集权和分权为中心、全面处理企业纵向各层次特别是企业与二级单位之间权责利关系的体系，要注意以下问题：在企业的不同层次，正确设置不同的经济责任中心，消除因经济责任中心设置不当而造成的管理过死或管理失控的问题。突出生产经营部门的地位和作用,管理职能部门要面向一线,对一线既管理又服务,从根本上改变管理部门高高在上,对下管理、指挥监督多而服务少的传统结构。调整作业层责权结构,将管理重心下移到工段或班组,推行作业长制,从组织上保证管理质量和效率的提高。

(3)机构设置创新。推行机构综合化,将联系紧密的职能部门整合在一起,简化职能部门和业务流程。同时推行领导单职制,即尽量减少企业高层副职的设置,做到中层和基层基本不设副职。

(4)横向协调创新。实行相关工序之间的指挥和服从,建立主动协作、工作渗透的专业搭接制度。在设计各职能部门的责任制时,对专业管理的结合部和边界处,有意识地安排一些必要的重叠和交叉,有关科室分别享有决定、确认、协助、协商等不同责权,以保证同一业务流程中的各个部门能够彼此衔接和协作。对大量常规性管理业务,制定制度标准,大力推行规范化管理制度。

(5)运行机制创新。建立企业内部的“价值链”,上下工序之间、服务与被服务的环节之间,用一定的价值形式联结起来,相互制约,力求降低成本、节约费用,最终提高企业整体效益。改革原有自上而下进行考核的旧制度,按照“价值链”的联系,实行上道工序由下道工序考核、辅助部门由主体部门评价的新体系。

(6)跨组织联系创新。重新调整企业与市场的边界,重组企业间优势资源,推进企业间组织网络化关系的发展,这是目前企业组织创新的一个重要方向。

6. 流程创新

流程创新是管理创新的重要内容之一,流程创新是不同于产品创新的另一种技术创新,是技术活动或生产活动中的操作程序、方式方法和规则体系的创新。广义的流程创新,包括各种工作流程的创新,不仅局限于生产、工艺。它强调以连贯性的整合性业务代替以往不易被识别的各职能部门割裂出来的破碎性管理流程。因此,可见度很低,实施起来难度更大,需要引发组织结构和管理系统的全方位变革。

20世纪90年代初,作为以销售交换机起家的华为,在进入电信设备制造行业时,面临着中国市场上摩托罗拉、思科、爱立信、北电网络等国外老牌通信巨头强大供货能力的威胁。在当时华为存在一种观点认为,产品就是竞争力，作为后来者的华为，应该将公司的全部力量投入到产品的开发和规模化生产上，以快速地获取低成本收益。但是，更多的决策者认为，华为要想拉近与老牌巨头间的差距，就必须尽快实现现代化的生产管理、质量控制和物流体系。1993 年年初，在经过激烈的争论后，华为开始了在西门子相关技术人员的帮助下，对立体仓库、自动仓库、生产线布局等整体流程重新设计。华为希望通过整合内部统一的物流体系，以保证质量控制和生产管理的完整性，减少中间环节，缩短生产周期，提高华为全面的产品供货能力。现在再评价该项目对华为的深远影响时，华为公司新闻发言人傅军认为，在建立世界上一流的生产和物流体系后，华为已经从小农式作坊全部转变成规模化的运作。流程优化的结果是，华为与摩托罗拉、阿尔卡特、朗讯、北电、西门子、NEC、爱立信、高通等国际巨头，成为密切而平等的商业竞合伙伴。在 21 世纪整个电信产业发展出现动荡时，高效的运营流程为华为带来了每年将近 20 亿元采购成本的降低。在实践中，中国企业在面临原始技术积累匮乏而必须开展产品创新的窘境下，更多的企业会率先学习华为的流程创新以取得竞争优势。流程创新的意义不在于提高关键业务效率，更多地在于在中国市场扁平化的趋势下，中国企业能够在全球市场的推动下通过协作不断获得价值的共同提升。

7. 知识创新

知识创新是技术创新的基础，包括基础研究和应用研究，是通过科学研究获得新的基础科学知识和技术科学知识的过程。其目的是追求新发现、探索新规律、创立新学说、创造新方法、积累新知识。因此，知识创新是新技术和新发明的源泉，作为科技进步和经济增长的革命性力量，为人类认识世界、改造世界提供新理论和新方法，推动着人类文明的发展和社会的进步。

（1）通过知识创新构建企业创新能力的基础。知识创新是知识创造的一种表达形式。在培育企业核心竞争力的过程中，始终围绕着知识创新是基础的理念，因为只有不断地涌现新的知识，企业才能够产生新的创新能力、拥有新的发展动力，才能保持长久的竞争优势，才能维持核心竞争力，持续向前发展。

（2）通过知识创新推动组织创新。知识创造是知识管理工作的最终目的，首先，企业提升自身创新能力是建立在大量知识流动的基础上，因为知识流动的速度提高了知识间的碰撞，知识间的碰撞是知识创造的基础。文化是推动知识碰撞、实现知识创造的主要推动力。企业注重企业文化的学习。变革和成长便于促进员工进行积极思考和知识转化。创新能力建立在创新知识的快速学习上，而且通过组织创新表现出来。

（3）通过知识创新推动核心竞争力的培育。知识创新是一个复杂的"知识创新系统"，在实际经济活动中，创新可能发生在企业价值链的各个环节。企业将能体会到战略优势的形成多是源于创新所形成的核心竞争力，而非单单的有形资产博弈的层面。

8. 文化创新

文化是一个衡量社会发展的重要指标，文化创新倡导崇尚、尊重、鼓励、保护创新的社会风尚，在全社会形成有利于催生创新灵感、激发创新潜能、保持创新活力的创新文化，推进创新发展理念深入人心。

（1）要鼓励变革。创新与风险是一对孪生兄弟，作为风险回报，创新者理应获得创新成功后的物质和精神奖励。因此，社会、政府和企业必须勇于改变原有的利益分配框架，对那些有突出贡献的创新者应在利益分配上给予特殊考虑。另外，还需要为创新者提供直抒胸臆，坦诚相见，自由发表意见的机会和平台。因此，文化创新要破坏原有的利益、资金、权力和组织结构，只有鼓励破坏旧有的权力和组织结构，才能激发创新者的创造性思维和创新性工作。

（2）要宽容失败。创新的明显特征是它的不确定性或风险性，它需要创新者艰苦探索、锐意进取、不怕失败，因此，一个支持创新的社会应该是可以给创新者以积极的支持和帮助，提供创新必需的技术、资金、人力及政策、制度和组织上的保障，并对那些创新失败者给予保护和鼓励，以形成有利于创新的宽松环境和文化氛围。

（三）开放式创新：未来企业创新的主导模式

进入 21 世纪以来，企业之间的竞争已经由传统的、封闭式的"扑克规则"，逐步演变为新型的、开放式的"象棋规则"。在这种自身技术资源和外部市场都具有开放性的"象棋规则"下，各个企业和竞争对手都已处于完全开放的环境，他们逐步锁定当前科技发展脉搏，并对自己的市场做好准确定位。开放式创新有助于克服克里斯坦森教授（Clayton Christensen）提出的"创新困境"，即在封闭式创新模式下，企业如果不创新，就难以生存；如果创新，则面临巨大风险，甚至陷入困境。因此，"开放式创新"正在逐渐成为企业创新的主导模式。同时，以开放驱动的创新模式正在刷新传统的科技创新、商业创新、经济创新和社会创新乃至政治创新模式。

1. 封闭式创新与开放式创新

开放式创新（open innovation）由 Henry W. Chesbrough 于 2003 年首次提出，他通过相关实证研究指出：采取"封闭式创新"（closed innovation）是原先那些处于行业领导地位的企业之所以没有在技术创新中获得收益的主要原因。这里，封闭式创新是企业依赖自身的技术创意和内部市场化实现创新，强调技术创新的成功取决于强有力的内部控制。即企业首先要培养自身的技术创新思维，自己想点子、筹措资金，然后进一步自主开发、研制新产品，最后将开发的新产品推向市场，建立企业自身的分销渠道，提供自身独特的售后服务和技术支持。

图 2-1 描述了封闭式创新模式下技术创新管理的流程。其中，粗实线勾勒出企业的边界。技术创意从左侧流入企业，从右侧流向产品市场。在技术创新的过程中，这些想法要经过多次的挑拣、甄选与淘汰，最后只剩下来很少一部分的创意，它们将会被进一步地应用于研究和产品开发，直到将其推向市场。

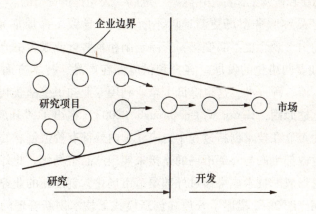

图 2-1　封闭式创新的基本模式

在 20 世纪大多数时间，封闭式创新方式被很多"行业领导性"企业所采纳，并且使它们获得了巨大的成功。如，托马斯·爱迪生亲自创建的实验室帮助美国通用电气公司突破了诸多关键技术；德国化学工业大量新产品的成功研制得益于其创立的中央研究实验室；美国贝尔实验室通过基础理论研究，发现了许多令人吃惊的物理现象，并在此基础上成功开发出晶体管等一大批当时世界领先的产品。因此，封闭式创新在那个时代是企业的战略性选择。

但是到了 20 世纪末，特别是进入 21 世纪之后，随着企业经营环境的变化，旧的"封闭式创新"模式已不再适用，其赖以发展的很多因素都受到严重挑战，主要表现为：

（1）随着信息化和全球化的发展，企业间员工流动越来越频繁，企业的研究成果会因为技术水平高、经验丰富的知识型员工的流失而"外流"，由此产生的技术外溢会影响本企业的技术竞争力。

（2）接受高等教育的人数不断递增，高校和科研院所的技术研发力量不断增强，易造成各种专业知识和核心技术从企业的中心实验室"外溢"到高校和科研机构，然后再通过"产学研"联盟的方式，逐步渗透到各种不同的行业、不同规模的企业中。

（3）风险投资基金的发展，能够将许多研究成果孵化为商品，并由此创立新的高价值、高增长企业，这些发展速度极快的新建企业很快就会成为那些大规模"老牌"公司的强劲竞争对手，而在此之前，行业内绝大多数的技术创新和研发工作都是由这些"老牌"公司提供资金的。

（4）产品和服务市场更新速度不断加快，导致生命周期越来越短；同时客户的消费观念也不断变化，产品定制在某些行业成为主流。

（5）随着网络化的发展，客户和供应商在产品、技术方面专业知识越来越广、博、深、准，这也降低了企业利用专业知识壁垒获利的能力。

基于上述原因，Henry W. Chesbrough（2003）提出了"开放式创新"模式，认为企业在技术创新过程中，应注重内外部有价值创意的结合和融合，并通过内部生产与外部市场的连接来实现产品市场化。此外，也可以将内部创意形成的技术成果通过外部渠道市场化，创建新的业务模式以获取超额利润。图 2-2 描述了开放式创新模式下技术创新管理的流程，其中用虚线代表了企业边界，这意味着企业的边界已经变得多孔疏松，是可以轻易地渗透的。

图 2-2 中的技术创意仍然从左侧流入企业，但是它们既有来自企业内部的技术创意（通过正常的流程流入本企业，然后进行甄选与淘汰），也有很多是来自于企业外部的技术创意（它们通过一定的方式，渗透过企业边界进入本企业内部流程。如，宝洁公司每年约 50% 的技术灵感来自

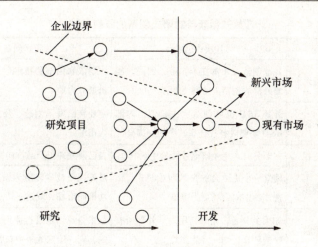

图 2-2　开放式创新的基本模式

公司外部）。创新成果从右侧流向产品市场时，既有流向现有市场，利用本企业现有商务模式来实现的；也有流向新市场的（自己未采用自己的创新成果，而是通过向其他企业颁发技术许可证实现技术转让，或通过技术交易市场、技术经纪人等进行技术外销），这可以摆脱企业当前业务范围的束缚，以此获得超额利润。如，朗讯科技、IBM 和道氏化学（DowChemical）每年获得超过 1 亿美元的技术许可利润。

2. 开放式创新模式适用条件

通过表 2-1 可以看出，开放式创新在基本创新理念上比封闭式创新先进，但这并不意味开放创新模式适用于所有行业，封闭式创新仍然是某些行业的主导模式，例如核反应技术产业和飞机发动机制造业仍然主要依靠自己的创意和内部市场化途径。相应的，有些行业采用开放式创新模式的历史已经有几十年了（尽管当时并没有"开放式创新"这一术语），例如美国好莱坞的电影制造业，早在多年前就已经改变了其技术创新的模式——在电影制作室、导演、明星经纪机构、演员、编剧、专业外包商（例如，专门负责制作某些电影特效）和独立制片人之间通过合伙或联盟等方式建立网络关系。

表 2-2 是采用封闭式创新的行业与采用开放式创新的行业的特征对比。其实不同类型的行业可以排列成一条连续的光谱，在光谱上的一端，是完全使用封闭式创新模式的行业，另一端则是完全使用开放式创新模式

表 2 - 1 开放式创新与封闭式创新的原则对比

比较项目	开放式创新	封闭式创新
创新人才理念	并非创新人才都在本企业,因此,需要外部的创新人才通力合作	主要依靠内部的技术创新人才,不借助外力
创新构思来源	外部 R&D 也可创造巨大价值,内部 R&D 需要或有权分享其中的一部分	企业自己发明创造、开发产品并投入市场
研究开发过程	并非只有本企业研究才能从中获利	自己研发并把产品推向市场
创新获利理念	建立一个更适合的技术商业模式,比把产品推向市场更为重要	最先把新技术转换为新产品,并成功推向市场,就是成功
市场取胜武器	如果企业能够充分利用内、外部所有好的创意,则一定能获胜	如果企业创意是行业内最多并且领先,则一定在竞争中获胜
知识产权选择	本企业可以通过购买等方式利用外部知识产权,只要能提升本企业的盈利水平和竞争优势	本企业十分注重知识产权保护,使竞争对手无法从中获利

表 2 - 2 采用开放式创新与封闭式创新的行业的特征对比

创新方式	封闭式创新	开放式创新
行业范例	核反应、大型主机	个人电脑、电影制造业
主要特征	●主要依靠内部创意 ●技术人才流动性低 ●风险投资很少光顾 ●新创企业很少,力量微弱 ●大学等机构的影响力并不重要	●很多创意来自外部 ●技术人才流动性高 ●风险投资非常积极 ●新创企业数量众多,力量较强 ●大学等机构的影响力很重要

的行业,而很多处于光谱中间段的行业,其创新模式也处在这两种模式之间,例如汽车制造、生物制药、卫生保健、电脑软件、通信设备、零售业等。

3. 开放式创新的动力模型

企业开放式技术创新的创新源很广,参与机构很多且关系复杂。另外,在开放式技术创新过程中所需资源也很多。其中,人才、技术、知识是其所需资源中最为重要的三类资源,其余的重要创新资源还包括资本、市场、信息以及管理等。根据前人研究成果和自己调研分析,我们描绘了企业开放式创新的动力模型,如图 2 - 3 所示。

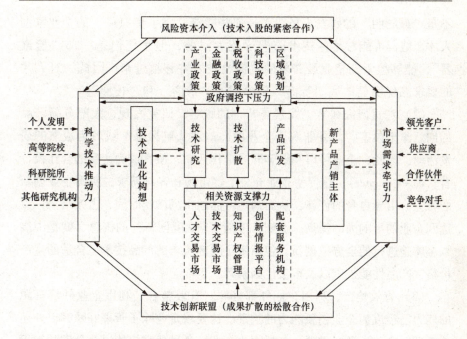

图2－3　企业开放式创新的动力模型

从图2－3模型可以看出，企业开放式创新的动力包括市场需求牵引力、科学技术推动力、政府调控下压力、相关资源支撑力，这些力量在以企业为核心的创新主体的有机协调下，组成了一种包含多维力量，并很好地进行整合，从而发挥了强大的合力效应，经过产业化构思、技术研发、技术扩散、产品开发等技术创新环节，最终实现新产品的成功上市。需要注意的是，该模型必须从科学、技术、社会和市场等大环境整体考虑，并兼顾内源动力和外源动力两类创新动力要素。

4. 开放式创新中的利益相关者管理

开放式创新核心理念在于以最少的成本和最短的时间实现创新并取得最大收益，而不关注创新是来源于内部还是外部。因此，开放式创新需要企业与其他企业、高校、科研院所等外部组织紧密联系，实现内外部创新要素的分享、互动、整合和协同，并最终构建开放式创新的组织体系。

（1）强调汇聚全员智慧。开放式创新认为创新不仅来自研发人员，也会来自生产人员和营销人员，各类员工的关注点并不相同，需要汇聚全员智慧。因此，应大力鼓励全员参与创新，建立企业更加完善的激励制度、人才培养制度与人才选拔制度。在新的创新模式下，企业需要的可能不是"最聪明"的研发人员，而是那些能够"空手套白狼"的企业家型人才，他们可能对某些技术的理解较为浅薄，但是他们是一部"检索器"，能够检索到企业最需要的关键性技术并移植过来。因此，对人才的要求已经明显地从"智商"转换到了"情商"和"搜商"。

（2）注重研究顾客，尤其是苛刻的顾客。研究发现，大部分新产品的创意源于顾客，而并非源于企业内部的"头脑风暴"或较为成熟的研发活动，因此，企业可以和顾客开展合作活动，使其成为产品的合作设计者（co-designer）。这促使企业充分了解市场和客户需求，明确企业创新的目标，引导自身的创新，从而缩短产品的市场接受时间，占领市场，以达到企业的影响力的提高。例如，宝洁"360度创新"的概念，就是围绕顾客体验进行的全方位创新，包括满足顾客需求的产品技术、合适的生产价格、产品性能外观以及审美性因素等。

（3）有效整合、利用企业外部资源。有效整合、利用企业外部资源的能力已经成为企业创新能力的关键。这要求企业除了管理好顾客以外还需管理好全球资源提供者，包括中小企业、各种研究机构以及分散的知识工作者。首先，在开放创新背景下，中小企业发挥了越来越重要的创新作用，这与以前大企业占据发明创新垄断地位完全不同；其次，对于非核心技术，企业可以通过合作和购买等方式利用其他组织的创新成果，例如，微软、思科、戴尔、辉瑞等就主要依靠外部许可使用、购买等方式吸收外部创新成果。另外，企业应该密切联系所有相关的知识工作者，紧跟外部技术的发展动态，及时、经济地购买技术，以填补企业某些方面的技术空缺。

（4）管理好你的竞争对手。博弈论认为，企业的行为与结果取决于竞争对手的行为与结果，只有管理好你的竞争对手，你才可能取胜。企业通过关注竞争对手的情报、资源和能力，有效地整合企业内外部资源，可以比竞争对手更快、更有效地为顾客创造价值，获得极大利益。另外，企业还可以与竞争对手进行基础研究合作、建立技术标准以及共同争取补贴等。

（5）要与供应商和经销商建立良好关系。外部供应商的水平越高，企业越能从价值链上得到支持，企业的负担越容易得到减缓，有助于企业核心环节的快速发展。供应商获得有关新产品的信息越早，就越能缩短创新周期，提高创新效率。另外，在产品种类和品质日益丰富和趋同的今日，经销商的销售方式在产品竞争中也发挥着举足轻重的作用，因此，企业也必须与经销商建立良好关系。

（6）大力发展风险投资机构。风险投资机构具有筛选创新项目、培育创新企业的职能，是开放式创新的关键环节。风险投资机构为中小企业提供了更多的发展机会，提升了大企业并不关注的创新"副产品"（即对主营业务价值不大的创新成果）价值实现的可能性。同时，风险投资机构使创新在企业间或企业内部流动成为可能，同时把抽象的研究想法转变成了现实有价值的新技术。风险投资机构组织灵活、适应性强，可以大幅度提高资金对创新的支持。

（7）重视知识产权的管理。由于企业外部拥有丰富的知识技术资源，企业想要取得持续创新、成长和发展，必须成为知识产权的购买者和出售者，从知识产权中取得收益，实现企业的发展。完善的科技、经济立法，特别是知识产权保护方面的立法，有助于保护开放式创新参与者的合法权益，助推技术扩散、转移和成果转化，践行监督和制裁侵犯合法权益的措施。因此，企业一定要与知识产权管理部门形成良好关系，必要时甚至可以设立自己的知识产权管理机构。

三　开放创新协同作用：郑州经济社会发展的综合驱动力量

（一）协同及协同效应的内涵

1. 协同

协同学理论的创始人是斯图加特大学理论物理学教授赫尔曼·哈肯。哈肯（2005）通过研究发现，在任何系统中，各子系统之间，均依靠有调节、有目的的自组织过程，使各异的子系统协同作用，并产生新的稳定有序的结构。即协同学是研究系统各要素之间、要素与系统之间、系统与环境之间协调、同步、合作、互补的关系，研究新的有序结构的形成，揭示系统进化的动力。

协同是指事物或系统在联系和发展过程中其内部各要素之间的有机结合，它强调协作、配合的一致性或和谐性，及在某种模式支配下事物或系统产生不同于原来状态的质变过程，简单地说，协同就是系统中诸要素或各子系统间的相互合作和共同作用（孟娟，2008）。

2. 协同效应

协同效应则指复杂系统内的各子系统的协同行为产生出的超越自身单独作用而形成的整个系统的聚合作用，简单地说，就是"1＋1＞2"的效应。协同效应可分外部和内部两种情况，外部协同效应是指一个集群中的企业由于相互协作、共享业务行为和特定资源，因而比作为一个单独运作的企业有更高的赢利能力；内部协同效应则指企业生产、营销、管理的不同环节、不同阶段、不同方面共同利用同一资源而产生的整体效应。

（二）开放与创新的协同效应

1. 开放的创新效应

在经济全球化进程加快的背景下，世界生产体系出现了前所未有的垂直分离和重构，价值链的全球配置与整合愈演愈烈。郑州市进一步扩大对外开放可以使其产业快速地以不同方式嵌入全球价值链，进而导致郑州整个经济格局发生变化，并从各个方面促进郑州市创新能力的提高，主要表现为以下几个方面：

（1）深化郑州市的国际分工，促进郑州在某一领域的创新效率。规模开放使郑州更快地融入经济全球化，根据价值链条中各生产要素的比较优势进行分工和生产，推进郑州市区域生产专业化的形成（各国和各个地区按照比较优势进行专业化生产），加快人力资本和技术的积累，提高劳动力市场效应及其外部经济效应。对外开放的扩大将推动郑州市的产业部门不断细化，衍生出更多的新行业和新产业，扩大产业部门。

（2）郑州对内和对外开放通过产业结构的优化促进创新。郑州市的对内和对外开放可以促进本地产业结构的优化，而产业结构的优化和转变本身就意味着创新。开放可以扩展郑州的区域性市场范围，实现更大规模的创新；同时，对外出口将为本地产品带来新的市场需求，使本地剩余劳动力得到充分利用，这样可以提高市场容量和创新收益。

（3）开放可以发展和积累多方面创新要素。创新能力并非单一能力，它包含了创新文化、研发、论证、制造、营销、组织等各方面的能力，需要多方面的鼎力支持，因此，提升创新能力并以之带动郑州的经济发展并非易事，需要郑州经济社会各个方面获得较大发展之后，才能显现出创新的规模效应。由此可见，开放的任务就是能够使郑州成为孕育创新的温床，为创新积累各方面的基础要素，使郑州成为各种创新企业和组织的基地。随着郑州市对外开放的深入，各个方面的要素将进一步积累和集中，这样会有助于要素的规模效应和外部经济效应。

（4）市场要素规模效应促进郑州创新。随着开放的深入，市场规模势必扩大，要素报酬提高必然引致高素质劳动力的流入，要素市场和中间投入品的规模效应得以发挥；创新成本降低将吸引新的研究开发机构和创新项目进入郑州，随之带来区域创新率、科技创新水平、生产效率的提高，使得产品的价格和质量更具竞争力。

（5）开放的规模化促成郑州在某些行业形成一定规模的产业集群。开放的规模化还可以通过引进来和走出去等形式促成郑州在某些行业形成一定规模的产业集群。产业集群作为新经济形式下一种极具活力的产业组织形式，在科技创新方面具有创新所需的组织架构、产业文化基础、知识积累和扩散的内在机制，是区域创新构建的现实基础。

2. 创新的开放效应

如今，科学技术的发展已经成为推动社会和经济发展的主导力量，而创新是科学技术发展的源动力，是促进经济高质量发展的一个永恒的主题。面对经济、科技全球化的新格局，郑州市只有不断进行创新、加大创新程度，尤其是突破性自主创新才能保持强大的发展劲头，促进经济又好又快发展，提升城市发展魅力，进而帮助郑州市全方位扩大对外开放程度。主要表现在：

（1）创新可以不断完善开放系统，吸引更多的外商投资。创新可以促进开放系统的发展完善，不断优化创新系统，使创新系统更具灵活性、全面性。实施创新可以丰富开放理念、调整开放模式、建立适宜的创新体制、构建惠及发展的创新政策和优化创新环境，帮助郑州市形成全面的、具有吸引力的创新系统，给区域外经济主体提供良好的发展平台，从而吸引大量的外商来郑州投资、驻郑州生产，提升引资能力，扩大引资数量，为郑州市发展积聚丰富的外部人才、技术和物质资源，从而促进郑州市的发展进步。

（2）创新可以增强技术研发能力，提升"走出去，引进来"能力。现代社会的竞争主要表现为技术的竞争，谁的技术能力越强，引领世界经济发展的能力就越高。在世界三次产业革命的发展过程中，每一次科技中心的建立无不是由当时的科技强国建立的。而技术的发展壮大离不开创新，唯有创新才能突破现有技术发展瓶颈，获取技术的跨越式发展，增强技术的研发能力，扩大技术知识存量和积累技术研发经验，才能提升郑州市经济发展质量和效率，优化郑州市产业结构，扩大郑州市"技术实力"的知名度。创新促成的强大的技术研发能力，可以不断提升郑州市经济主体的竞争优势和竞争地位，使企业有能力、有资本向外扩张，真正实现

"走出去"，不断扩大境外市场份额，形成"区内带动区外、区外促进区内"的共同发展；创新引发的"技术硬实力"的知名度，有利于郑州市受到区外经济主体的青睐，从而吸引它们自觉、自愿带着它们的优势技术前来郑州发展，提高它们对郑州市经济发展的贡献率。

（3）创新可以增强国际竞争力，促进对外贸易的繁荣发展。实施创新活动，可以提升生产效率和经济效益，实现"低能耗、低污染、高效率"的绿色发展之路，从而增强郑州市的经济发展实力，为郑州市积累丰富的技术实力、产品实力和服务实力，并形成较高层次的品牌知名度，提升国际大环境中郑州市的国际地位和竞争力。创新实现的较高的国际竞争力，可以增加郑州市高质量产品和服务的对外魅力，加速高质量产品和服务的出口，扩大出口规模，从而促进郑州市对外贸易的繁荣发展，从根本上扩大对外开放程度和开放规模。

3. 开放与创新的扩散效应

创新扩散是指创新在潜在使用者之间通过市场或非市场渠道的传播过程，是对新技术在不同使用者之间的转移、传播行为的一种客观描述。它是创新活动全过程的重要组成部分。在经济全球化和技术不断进步的背景下，各国各地区间的经济活动联系日益紧密，知识的非竞争性使其都能从知识的溢出效应中获益。目前，跨国公司在国际一体化进程中扮演着创新扩散和知识溢出的重要角色。跨国公司作为国际直接投资活动的重要载体，不仅开发世界新的知识和技术，还拥有和传播着新的知识和技术。跨国公司搜索全球范围内的资源，通过资源配置，制定发展战略，及对被投资地区的直接投资和并购，推动该地区的创新和发展。

依据扩散的范围可将技术扩散分为行业内、行业间、国际扩散三种。微观层面上，接受企业的技术基础、吸收能力和企业家意识决定了创新扩散的效果和影响程度；宏观层面上，郑州整体的信息沟通机制、制度环境和政策等方面影响着创新扩散的效果和影响程度。实现创新扩散的基础是相互之间的开放，只有各个地区相互开放，创新扩散的作用才能得以发挥。同时，创新扩散是一个地区或行业创新的基础，同一行业内创新扩散是最为常见的类型。尤其专用性较强的技术，新技术的扩散主要在行业内部进行。当创新技术成为通用技术，就会通过产业前、后向联系渗透和延伸到其他行业，而不局限于行业内部，由此会产生更加显著的整体经济效应。

（三）开放与创新协同驱动

坚持开放创新"协同驱动"，就是要以更加开放的胸怀、更加开放的思想、更加开放的办法来吸纳一切创新要素，通过创新带动更多产业、更多领域、更深层次、更高水平的开放，探索出一条以开放和创新有机融合为内涵、以开放驱动和创新驱动相互促进为特征、以开放型经济和创新型经济为载体的经济社会发展道路。即在开放驱动和创新驱动的基础上，以开放促创新，在开放中高起点创新；以创新助开放，在创新中高起点开放；以创新和开放的相互促进，实现开放创新的协同效应。

1. 在开放中高起点创新

自主创新是创新驱动的核心，但不是以自我为中心封闭起来的自己创新，而是要求郑州市在更加开放的国际视野下创新。只有开放，才能引到技术、引到资金、引进人才，才能使郑州市最大限度地整合、融合国内外最先进的思想、知识、技术等创新资源，走出一条以开放促创新，在开放中高起点创新的发展道路，因此，开放的本身既是创新，又推进了创新。通过创新驱动提升产业发展层次，加快产业规模扩张，实现经济发展方式由要素驱动向创新驱动转变。

（1）借力跨国公司促进研发本土化。近年来，跨国公司持续推行全球化经营战略，在此战略下建立了数量众多、规模较大的研发机构，比如微软中国研究院、英特尔中国北京研究中心、通用电气中国上海技术研发中心、IBM 北京研发中心等；与此同时，跨国公司将部分核心技术和基础研究工作转移到中国，逐渐提升中国研发机构在其全球研发体系中的层级。据统计，跨国公司在中国的研发投入总量为 20 亿—30 亿美元，已接近中国研发投入总量的五分之一，研发机构人均研发投入约为 5 万美金，远远超过了中国企业人均研发投入。毫无疑问，跨国公司在华研发机构是一支强大的力量。

因此，郑州市应该积极以开放的胸怀，积极引进、支持跨国公司在郑州设立研发机构或研发中心，形成外资企业、国有企业、民营企业研发竞争的格局，这将有助于加速本地配套企业科技创新的步伐，使本地企业可以在技术方面得到不断的进步，所以，引进外企科研机构，借力跨国公司科研本土化，提升郑州创新能力的提升，是以开放促创新的重要构成部分。

（2）通过合作研发进行联合创新。合作研发旨在通过分享先进技术，利用研发资源互补，降低企业研发成本和风险，帮助合作伙伴解决共性技术问题，缩短研发周期，获取市场先机。显然，合作研发是以一种开放的方式来实现创新，是对充满风险和不确定因素的环境的自然应对，并由此以更少的投入创造更多的商业价值。目前，郑州市大部分企业规模小、实力弱、研发投入少，且与跨国公司、国内领先企业相比存在着重复创新。因此，选择与外部组织合作研发，借助外部人才、技术、资金进行联合创新，是一条切实可行的以开放促创新的发展之路。

（3）通过技术收购助推自主创新。通过国际兼并拥有核心技术是企业以开放促创新的便捷之路。目前，国外一些企业存在着有技术无市场，国内一些企业存在有市场无技术的情况，这些企业可以联合起来，实现双赢。因此，国内企业通过兼并海外濒临破产或生存困难的企业，将海外企业的技术资源包括技术成果和开发人才及时引入到国内企业，提升自身的创新能力。联想集团就是一个典型，其通过并购 IBM 成功地获得了最先进的电脑技术、系统架构设计能力、软硬件研发技术和优秀的项目管理能力，大大缩短了自主开发带来的时间与风险，推动了自身科技创新。

（4）整合外部创新资源。首先，要整合外部技术资源。在战略新兴行业、传统优势产业等重点领域，郑州市要坚持以引进改造为起点，以消化吸收为途径，以创新发展为目标，推动产业技术进步不断跃升。积极鼓励企业外部合作，引进外部技术，支持有条件的企业实施跨国并购或设立海外研发中心，在全球范围内建立企业产学研科技创新体系。促进郑煤机集团等一批重点高科技企业迅速崛起。其次，要整合人才资源。有高水平的创新人才就有高水平的创新成果。郑州市可以向沿海开放城市学习，在全球范围内搜索人才，依据对象和需求的不同制定合适的人才政策，投入巨额资金鼓励和支持企业引进高技术人才。再次，要整合政策资源。为了最大限度地吸引各种创新资源，郑州市要向沿海开放城市学习，集中使用财税、产业、专利、科技等一系列政策，积极建设开放条件下的创新环境。随着消化吸收在创新投入比重的加大，有效借助发达国家的先进技术，及时关注国外专利，有效利用国外过时专利，坚持和拓展"走出去"战略，鼓励本地优秀企业兼并国外拥有先进技术的中小企业等。

2. 在创新中高起点开放

创新是扩大开放的前提，想要与国际接轨，参加更高层次上的产业分工与合作，必须持续推进企业的技术创新、管理创新、理念创新，实现在高起点上的创新开放。

（1）持续创新，广泛开展国内科技合作。为了增强企业自主创新能力，郑州市政府从"十五"规划开始就专门制定政策，引导企业加大科技创新投入，广泛开展国内科技合作，鼓励有条件的企业建立技术研发中心，支持企业依托科研院所、高等院校构建产学研紧密结合的科技创新体系，开展集成创新以及引进、消化、吸收再创新，创建自主创新体系，增强核心竞争力。经过十多年的积累，已有郑州煤炭机械集团等一批重点支持的企业对外科技合作、技术开发和科技成果应用做出了突出贡献，取得了显著的经济效益和社会效益。"十一五"期间，郑州市建立了592家市级以上研发中心，其中20家为国家级，250家为省级；拥有28家全市科技企业孵化器，2000家孵化企业，累计实现500余项科技成果转化。

为了进一步推动中原经济区和郑州都市区建设，持续贯彻郑州开放创新双驱动战略，郑州市科技局制定"十二五"科技发展战略，提出用3—5年的时间新建100个市级以上研发机构，签署3—5个国际合作框架协议，建成2—3个国际联合试验室或国际科技合作基地，引进100名左右海内外高层次人才。为了落实这一战略，2012年7月，郑州市召开产学研合作暨项目签约大会，与中国地质大学、西安交通大学、北京理工大学、北京科技大学、南京大学、上海交通大学、解放军信息工程大学、郑州大学等8所国内知名高校签订战略合作协议；市科技局与承担郑州市2012年重大科技专项的郑州机械研究所、河南汉威电子股份有限公司签订经费支持合同。随后举行的成果发布和项目对接会上，与会企业和高校共签约180个项目，签约总额5800万元，涉及新材料、电子信息、高端装备制造业、生物技术及制药等4个领域。进一步，郑州市要突出企业的科技创新主体作用，强化高等院校、科研院所服务企业的能力，推进产学研合作的模式机制创新，创新产学研合作的投融资机制，着力营造研发创新和科技成果转化两大环境平台，强力推进重大科技专项实施，全面推进产学研合作创新迈上新台阶，使郑州成为中原经济区的产业创新中心。

（2）提升创新高度和层次，大力推进国际科技合作。只有郑州市的创新能力和创新水平达到一定的高度和层次，才有机会与发达国家或地区、国际性科技组织建立平等的国际性科技合作关系，才能在双边科技合作项目实施中享受公平待遇。就国际合作而言，在创新中高起点开放，体现在三个方面：一是郑州市的科技人员在参与国际科技合作中，从过去的单纯人员交流、参与项目，变成了共同进行关键技术攻关的平等合作；二是郑州市和越来越多的发达国家与地区建立了平等的科技合作伙伴关系，在越来越多的国际科技组织中享受公平待遇，有越来越多的科学家在国际科技组织中担任重要领导职务；三是凭借自己的创新实力，能够以更开放、更自由的方式利用全球的科技资源，有越来越多的企业能够走出去在国外建立研发中心，在全球范围内开展更广泛的科技合作。

（3）深化合作创新，提高产学研政协同层次。通过科技洽谈会和企业院校行等平台，推动企业与高校和科研院所开展项目合作，合建研发中心或产学研联合体，在技术转化、人才培养、研究开发等方面建设产业化基地，重点发挥高技术企业和规模型企业，构建以企业为主体的产学研紧密结合的科技创新体系。

（4）不断完善区域创新体系，为区域开放拓展更广阔的空间。第一，以创新为核心推动经济增长方式转变和经济发展的同时，促进区域创新体系的不断完善，为区域间经济开放与合作提供平台，有助于以核心区域为基础构筑互相联系、互相促进的区域经济。目前，以郑州为中心的中原城市群建设和以河南为中心的中原经济区建设就是很好的例证。第二，区域创新系统是实现开放型经济的重要工具，开放型经济发展的过程，就是区域经济融入中国经济乃至世界经济的过程，是对各生产要素的重新组合。在区域经济开放创新过程中，不仅会打破原有的经济格局，更重要的是会不断调整区域经济结构，推动社会经济的发展。第三，区域创新系统是开放型经济体系的基础和重要支柱。目前，我国区域开放呈现明显的梯度，在未来区域开放层次和深度也将存在差异，要转变沿海区域开放类型，将其逐渐打造成自主性先进制造基地，培育和发展制造研发中心、服务贸易和物流中心，同时进一步扩大内地开放，提高内地承接国内外产业转移的能力。第四，区域创新系统通过适当的制度安排实现区域内和区域间的创新体制对接，充分发挥市场的基础性作用，巩固企业的主体作用，通过对区域间不同产业的择优培育、产业链连接、产业结构调整等措施与其他区域形成紧密的经济联系，统筹各个区域的共同开放和发展。

第三节　开放创新双驱动战略的运行机制

一　开放创新双驱动战略运行机制的整合模型

开放创新双驱动战略运行机制的整合模型由动力机制、催化机制、保障机制和协同机制构成，如图2-4所示。从该整合模型上可以看出，依据开放创新双驱动战略目标与动力因素之间存在着激励与约束的相互影响，动力机制为战略目标实现提供动力源，动力机制的运行依赖于保障机制的优化、催化机制的运转、协同机制的促进和支持；保障机制同时为协同机制提供了资源条件，并为催化机制提供了确定性的环境，催化机制则能够放大协同效应。多个机制间的相互作用构成了完整的开放创新双驱动战略运行系统，该系统的良好运行能够优化资源配置，激发开放和创新的潜力，提高开放创新双驱动战略运行系统的活力，系统输出的结果就是战略目标的实现。

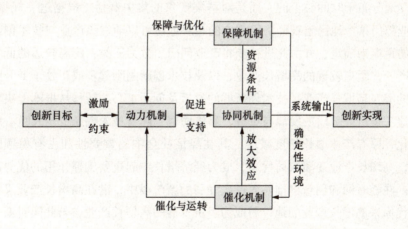

图2-4　开放创新双驱动战略运行的整合模型

二　开放创新双驱动战略运行的动力机制

（一）基于创新的内生性动力机制

一个地区经济结构的优化程度影响着该地区经济的增长速度和质量，甚至决定着其竞争力水平的高低。经济结构的调整受到需求结构、消费倾向、消费结构、国际贸易、资源禀赋、技术进步及技术结构等因素的影响。其中，科技和制度起最主要作用，是产业结构调整的根本驱动力。科技创新促进经济社会发展的过程，实际上是科技创新促进经济结构不断优化而带来经济增长量扩大的过程。主要体现在科技创新对生产力构成要素的作用，以及对经济结构其他制约因素的作用上。主要表现在以下几个方面：

1. 技术创新的性质决定着单个产业部门的发展趋势

近现代不同产业部门发展的历史表明，技术创新及其性质与某个产业部门的兴起与发展过程密切相关，新兴产业的兴起往往起源于某个重大技术创新，更进一步的创新还会带来生产成本的大幅度降低，加速企业生产规模扩张，是"新产品"从富有需求价格弹性的高档品逐渐转变为需求价格弹性较小的大众必需品，单位产品利润也随之不断下降，这反过来又必然减弱技术创新冲动，并把技术创新引向预期或潜在收益更高的产业部门。

2. 技术创新群的极化规律决定着产业更替的有序演变

技术创新群的极化规律是在技术创新过程中不同创新并非均匀地或者独立地分布于时间轴上的，而是对群集现象的集中概括。根据这一规律，产业部门某个地区宏观经济结构中的相对地位可以通过该产业与技术创新群的距离来确定，并由此进一步将产业部门划分为三类：距离较远的低增长产业，距离较近的高增长产业，以及技术创新刚刚起步或正处于上升阶段的潜在高增长产业。技术创新群的发展及创新重心的转移从根本上决定了这三类产业部门的发展与更替，具体而言，随着技术创新群及其重心的变化，原有产业增长速度减缓，其在经济社会中的重要性和占有份额降低，高增长产业逐渐取而代之，成为经济增长中起重要支撑作用的优势产业。在随时间和创新群推移而递次发展的新阶段中，潜在高增长产业又将取代原来高增长产业的地位而成为经济发展的高增长产业，与此同时新一轮的技术创新又开始孕育新的潜在高增长产业。

3. 技术创新及其扩散效应决定着经济结构变迁的方向

经济结构高端化发展是指产业技术集约化，即经济系统中采用先进技术产业部门的数量和比例上升，而不是某些产业部门在经济中所占份额的升降，虽然高增长产业部门的有序更替带来了经济结构的有序和阶段性变迁，但这不能决定经济结构的整体变迁。这是因为，在某些特定时期里，技术创新存在非随机分布的极化效应，可能出现多个受市场需求和预期收益影响的高增长产业部门，在某一个或几个时期中呈现出高增长态势。但其中一部分高增长部门只能支撑特定时期的经济增长，而且不能带动经济结构的高端化。只有那些能够在某一产业内部迅速积聚，并通过其前向关联效应和后向关联效应具有较强扩散创新成果特征的技术创新，才能决定经济结构变动的方向，随即这些产业逐渐兴起、蓬勃发展并成为主导增长部门。

（二）基于开放的外生性动力机制

通过进一步对内对外开放，使商品、服务和生产要素（资本、技术等）能够越来越自由地流动，从而实现资源的优化配置和产业结构的不断调整和优化升级，推动经济社会发展。

1. 通过"招大引强"，壮大产业规模，促进技术进步和产业升级

外商直接投资是包括资金、技术、管理等在内的一揽子要素转移过程。通过吸引外商投资可以通过以下途径促进技术进步和产业升级。

（1）利用外资可以壮大产业规模，大大加快了国内产业结构的升级。开放可以充分发挥区位条件、产业基础、市场人才等比较优势，积极承接国内外产业转移，引进建设一批带动力强、辐射面广、产业关联度大的重大产业项目，推动产业发展壮大、产业结构优化升级和经济发展方式的转变。

（2）对中国配套企业的带动作用。外资企业在中国建立完善配套设施是技术扩散的重要方式，为了满足配套产品在质量、技术和性能上更高需求，外资企业需要通过技术援助或共同投资开发不断地向国内企业转移相关技术。

（3）促进人才双向流动。外资企业技术溢出的一个重要途径是人才流动。随着中国企业环境和创业条件的不断改善和完备，外资企业和本土企业之间人才的双向流动越来越频繁。

（4）引导国内研发能力面向市场。随着外资企业加大对中国研发机构的投入，使得不同的学术、思想相互融合，国内研发人员进入这些机构，可以获得与世界前沿技术零距离接触的机会，准确把握产业发展的脉搏。而且外资企业的研发机构多是与国内科研机构和大专院校合作，在合作研发过程中更容易向合作方提供研究领域许多重要的知识诀窍。

（5）与国内企业合作建立研发中心。国内企业可以通过合作研发学

习、消化、吸收和再创新外资企业中的先进技术和研发能力，提升自身核心竞争力。

（6）示范和竞争效应。为了应对外资企业带来的竞争压力，处于国内领先或垄断地位的企业必须提升技术水平、加快技术开发速度以保持市场领先地位。

2. 开放推进市场化进程以促进生产要素的自由流动

改革开放使得我国产品市场化基本形成，国内市场基本统一，中国制造全面进入国际市场。相形之下，要素市场化进程则比较缓慢，究其原因，在生产要素领域，政府仍然作为要素资源的配置主体，权力高度集中，不利于有序市场活动的开展。通过开放，将促进不同利益主体逐渐形成权利意识，进而形成一种自下而上的推动现存制度变革的力量，推动相关利益主体不断作出调整，推动着要素市场化的历史进程。

为此，要逐步改变要素市场上政府的主体地位，沿着现代市场经济发展路径，从最基本的制度层面做起，创建适合市场主体的生存环境，进而通过市场组织的创新，变革传统体制，建立市场经济制度。因此，着力推进行政管理体制改革，进一步推进政企分开、政资分开、政事分开、政府与市场中介组织分开，减少和规范行政审批。以政事分开、管办分开和多元投入为重点，积极推进事业单位改革。以理顺产权关系为重点，进一步深化企业改革，引导已转制企业完善法人治理结构，建立规范的现代企业制度。以推进公共财政体制建设为重点，继续深化财税体制改革，建立健全财权与事权相匹配的财税体制。搞好市政公用事业体制改革，有序推进市政公用事业市场化进程。继续推进粮食流通体制、投融资体制及科技教育、文化卫生等领域的各项改革等。

3. 开放推进新型工业化进程以实现社会转型

通过开放可以充分利用当今国际国内良好的经济发展环境，充分利用国际国内"两种资源和两个市场"，积极发展高新技术产业，优先发展信息产业，利用高新技术和先进适用技术改造提升传统产业，坚持以信息化带动工业化，以工业化促进信息化，加速新型工业化进程，进而实现社会转型。主要表现在：

（1）积极参与世界范围内的资源优化配置，实现工业化的快速、高效推进。通过开放，可以紧跟世界发展潮流，充分抓住经济全球化、新技术革命带来的发展机遇，迎接挑战，积极参与世界范围内的资源优化配置，以实现工业化的快速、高效推进。可以充分发挥科技作为第一生产力的作用，促进科技成果更好地转化为现实生产力，提高产品的质量和竞争力。外商直接投资是资金、技术和现代管理的重要载体，通过吸引外资来引进先进技术和管理经验和其他生产要素，进行资源要素的结构性整合，便于形成外资与地方经济结构的良性融合关系。实现经济增长方式从粗放型向集约型转变，即从主要依靠增加投入、铺新摊子、追求数量，转到以经济效益为中心的轨道上来，通过技术进步、加强科学管理、降低成本，提高劳动生产率。

（2）引进高级生产要素，推动传统经济的转型。通过开放，引进高级生产要素，大力发展信息产业和高新技术产业，尤其在工业化进程中引入信息化，不仅大大丰富了工业化的内容，而且势必改变传统经济的商业模式，推动业务流程重组、生产要素重组，进而推动传统经济的转型，从根本上改变传统工业化的性质，实现后发优势。同时，通过开放，可以把追求科技创新、农村城市化、高速增长、充分就业、劳动和要素生产率大幅度提高统一起来，把工业和农业、服务业发展协调统一起来，把速度同质量、效益、结构等有机地结合起来，把工业生产能力和消费需求能力协调统一起来，把技术进步、效率和就业协调统一起来，把当前发展和未来可持续发展统一起来，尊重自然规律和经济发展规律，使工业化与可持续发展战略结合起来，走文明发展之路，实现人的全面发展和人与自然的和谐。

（3）提高资源利用效率，转变生产方式和消费方式。在开放推进新型工业化的过程中，充分考虑我国人均资源相对短缺的实际，实施可持续发展战略，坚持资源开发和节约并举，把节约放在首位，努力提高资源利用效率，转变资源利用方式、生产方式和消费方式。从宏观管理入手，注重从源头上防止环境污染和生态破坏，避免走旧工业化过程中的先污染后治理的老路。从我国人口红利出发，制定具体政策，处理好资金技术密集型产业与劳动密集型产业间的关系，走新型城镇化道路。

三 开放创新双驱动战略运行的催化机制

（一）催化机制的内涵

催化机制是一项简单有效的管理工具，是链接组织目标与绩效的重要环节，它具有把远大抱负变成具体现实的神奇力量，是目标和绩效之间的关键纽带（Collins J.，1999）。催化机制能以不可预测的方式达到理想的结果。催化机制使权力分散，使均衡的权力发生倾斜，不是倾向惰性，而是倾向变革，并使整个系统受益。催化机制具备强有力的实施手段，能驱逐害群之马和产生持续效应。

（二）"磁铁式"催化机制

高新技术产业园区作为高新技术产业发展和对外开放的重要基地，其推动高技术产业化系统的催化效应是十分明显的。随着高技术产业园区的开发和建设，以及各种配套设施的完善，高新技术产业园区像磁铁一样吸引着更多的外资企业、高等院校、研究院所和更多的科技人员、企业家到开发区来兴办高新技术企业，产业集聚效应越来越显著，并由此形成催化开放创新的"磁铁式"催化机制。高新技术产业园区的催化作用主要通过产业集聚效应来实现，具体说明如下：

1. 通过产业聚集，培育企业学习与创新能力

通过产业聚集，高新技术产业园区成为培育企业学习与创新能力的温床。首先，同类企业在产业园区的聚集使得彼此都面临隐性的压力和挑战，为了适应迅速变化的市场、应对竞争压力、避免被淘汰，企业会不断创新和改进产品设计、开发、包装、技术和管理。其次，在产业园区内，由于空间接近性和共同的产业文化背景，同类大量相关企业的集聚促进了显性知识、隐性知识的传播和扩散，促进彼此间技术的交流与传播，促使一个企业的技术创新可以迅速向其他企业溢出。此外，产业链中上下游关联企业中某个企业的技术突破，都会为整个产业链带来利益。

2. 产业集聚降低了企业的创新成本

在高新技术产业园区中，产业集聚降低了企业的创新成本。主要表现在：由于产业聚集带来的规模经济和范围经济减少了上下游企业搜索原料产品的成本和交易费用，降低了产品的生产成本；对生产链分工细化，提高集群内企业的协作效率，推动企业群劳动生产率的提高；企业可以更及时地了解行业信息，更稳定、更有效率、更容易地获得配套产品和服务；企业可以在较短时间内以较低费用找到合适的人才，降低用人成本。此外，产业聚集为区域内技术人员提供更多的低成本交流机会，更容易建立信任机制，降低了彼此间合作创新的不确定性。因此，产业集聚通过磁铁效应，在提升企业经济效益的同时降低了生产成本，为技术创新提供了更雄厚的资金和信任机制。

3. 各种融资政策为企业发展提供便利

在高新技术产业园区中，各种融资政策为企业基础创新融资提供了方便。一些地区为了破解产业集聚区发展过程中的资金难题，制定了产业集聚区金融服务行动计划工作方案，如，采取"三方协议"反担保贷款融资模式来解决产业集聚区基础设施建设的资金问题。具体来说，就是由产业集聚区投融资公司作为承贷主体，大型担保公司提供担保，开发银行提供贷款；产业集聚区所在地政府、实施项目投融资公司和大型担保公司签订"三方协议"反担保，通过省发展改革委和财政厅的协调推动，最终实现融资；采取"担保 + 银行信贷"模式，推动银行信贷投放；采取"供应链融资"对产业集聚区内的特色产业企业，推广"供应链融资"模式，提高龙头企业的授信规模，通过供应链上企业的贸易融资，实现龙头企业及其上下游企业融资共享。方案还确定，将鼓励和推动各类金融机构、人员入驻产业集聚区提供就近服务。银行采用对同一行业的许多企业贷款并从规模经济中获取利益，而银行的这种经济外部性和规模经济，降低了银行从事信贷业务的交易成本，同时也降低了信贷风险。

4. 通过产业集聚，形成技术创新合作共赢模式

通过产业集聚，有助于产学研的有机结合，推动政府、科研机构和院校以及企业建立资源共享、优势互补、协同作战的技术创新合作共赢模式，使高新技术产业园区成为区域创新体系的重要载体。首先，国家级高新技术产业园区拥有的工程技术中心、开放实验室、产业技术检验检测平台促进了知识分享和科技创新。其次，产业园区的科技企业孵化器和创业服务机构有效促进创新培育和企业孵化。最后，产业园区技术服务网络和技术贸易市场的快速发展，促进了创新价值的实现。这一切都使得产业园的区域创新体系得到极大的完善，为区域创新能力的提高提供了有力支撑。

5. 产业集聚促进了区域创新系统的动态发展

产业集聚通过集聚相关联的供应商，形成专业化市场，吸引高素质员工进入本区域，建立区域内信息共享机制，完善政府或其他公共机构提供的公共服务和基础设施，以提高区域内行业生产率。产业集聚区通过共享信息技术和知识溢出降低了新企业的进入壁垒，加速了新企业的衍生速度，从而促进了区域创新。产业集聚区内企业之间是竞合关系，这加速了企业技术革新和创新，从而形成更加紧密的产业链。产业结构在竞合中不

断优化，从而提高区域的整体竞争能力。

（三）"开放式"催化机制

开放能促进创新，开放度增加，会促使创新绩效提高，而过度开放对创新绩效存在负面影响：当开放度的增加超过某一阈值后，开放度与创新绩效呈现负相关关系。但目前我国企业在技术创新活动中的开放度普遍较低，基本还没有达到阈值，因此，开放对创新尤其是技术创新有着重要的意义，为此需要构建"开放式"的催化机制。

1. 构建"开放式"的技术创新环境体系

政府应该通过制定有关创新的法规、规定和相配套的技术政策，为创新企业提供有助于创新的政策环境。相应的管理部门应当通过组织和协调各个产业的共性技术创新平台，不断完善共性技术合作开发的环境，加速共性技术的转化，发挥其在共性技术的开发和扩散中的独特作用，推进产业共性技术进步。通过制定政策、优化环境、完善社会支持体系促进信息和技术交流平台的建设，在信息、人才、资金、技术、管理咨询等方面构建有效的技术创新服务体系，促进企业与科研机构或企业之间的技术交流与其他信息交流，充分发挥政府与企业之间的互动作用，发挥市场和政府两个作用，提高整个地区创新体系运作的效率。

2. 鼓励行业龙头企业构建开放式的创新平台

行业龙头企业掌握着行业发展的核心技术，具有很强的研发能力，在今天"开放式"成为技术创新主导模式的新形势下，政府应该根据实际需要出台相应政策，鼓励大企业开放企业创新平台，使中小企业能分享大企业发展的成果，同时大企业获得更强大的创新能力，实现龙头企业和中小企业之间的协同发展，促进行业快速发展。

3. 引导开放式产学研合作联盟建设，大力发展独立的第三方机构

产学研联盟改变了以往点对点的产学研合作模式，但目前政府直接引导的产学研联盟合作模式存在着一定的弊端，因此，未来应该通过第三方机构组建运营开放式的产学研联盟，这一方面有助于政府能很好地引导产业联盟的发展，同时由第三方机构运营不同的联盟既能促进联盟内的产学研合作，还能促进联盟与联盟之间的产学研合作。因此，郑州应该借鉴发达国家的经验，大力发展独立第三方机构，积极探索和建立由第三方专业机构管理的产学研合作基地。

（四）"集约化"催化机制

技术创新具有高风险、高投入和高回报的特点。对高科技企业而言，其发展离不开风险资本，尤其是在研究开发、试制阶段，由于此阶段技术开发具有较大的不确定性，加上技术效果的不确定性，所需资金不容易按照传统的融资方式直接从银行贷款获得，需要风险投资来满足其对资金的巨大需求。因此，风险投资具有激励和诱发技术创新功能，是技术创新的"集约化"催化机制。

1. 风险投资是技术创新的"发动机"

风险投资在高科技产业的发展中起到了举足轻重的作用，它解决了高科技企业在技术创新阶段的资金短缺问题，加速了科技成果向生产力的转化，企业从小到大，由弱变强，进而带动了整个产业的成长，是企业技术创新的"发动机"。风险投资以它特殊的、灵活的融资方式介入高新技术产业化的发展中，从而解决了高科技企业发展过程中资金短缺问题，使高科技企业在发展的各个阶段均有特定的资金来源，扶持高科技企业的创建、成长和扩张，最终形成成熟的产业。

2. 风险投资是技术创新的"诱发器"

风险投资产生的直接动因是能孵化具有高科技含量和较高收益的新型企业并整体出售以获取高额利润，风险投资充当着技术创新的"诱发器"。在图 2 - 5 中，风险资本由 $G + G' + C' + V'$ 构成，其中 C' 作为技术的无形资产，V' 作为管理的智能劳动，这两个资本通过契约资本化方式加入到资本（$G + G'$）中，从而使风险资本具有高能资本的特性。风险资金投入中的 $G + G'$、风险技术投入中的 C'、风险管理投入中的 V' 以及高能资本聚集中的 $C' + V'$ 分别构成各自的子系统。其中风险资金投入、风险技术投入、风险管理投入，分属于货币剩余者群体、发明构想者群体、优秀管理者群体各自边界明晰的子系统。系统内任意的 C' 和 V' 均可能在任意时间与每一个 $G + G'$ 结合，组成一个相互影响、相互作用的新系统，最终产生某一单个的高能资本的集合，这个集合可以由 C' 来发起，也可以由 V' 来撮合。各子系统的个体之间存在能量差异"集合"的运动过程即体现出"不断与外界交换物质和能量"的意义。外部的"技术创新氛围"的推压性激励和"技术创新空间"的诱引性激励，使集合的运动效率产生较大变化，经过"系统涨落"，在"高能资本积累"的系统由突变产生一次又一次新的耗散结构的建立和重建，经过反复作用，风险投资诱发了技术创新并循环进行。

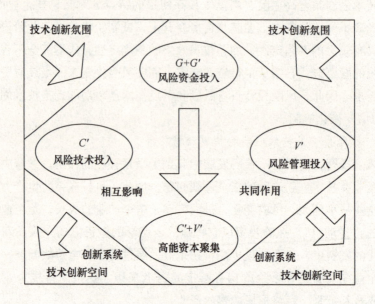

图2-5 风险投资对技术创新的诱发作用

3. 风险投资是技术创新的"孵化器"

风险投资因其独特的投资偏好及其组织运作机制填补了高科技企业成长过程中某些阶段的资金空白，对技术成果的转化起到了催化的功能。在高科技企业发展过程中，一种良好的制度安排和制度创新往往比单纯的技术创新更为重要。正如一位美国的投资家所说："硅谷的故事很好听，但神话的诞生不仅归功于科学技术的进步，更在于它特殊的运作方式——风险投资。"风险投资是技术创新的"孵化器"，是加速技术成果转化的催化剂，高新技术产业的发展离不开风险投资的支持。

四　开放创新双驱动战略运行的协同机制

（一）协同机制的内涵

哈肯（2000）认为协同机制是指自组织系统内部各要素之间通过交互作用，产生表征系统宏观结构的序参量，而序参量通过对子系统的役使作用，主宰着系统演化过程，并引导系统向更加有序的状态发展。这个过程中，序参量通过役使作用决定了各要素的行为，使系统的自由度大大减少，即出现了巨大的信息压缩。因此，通过把握序参量的变动规律，人们可以描述和了解复杂系统的行为。其中，自组织系统是指能够通过本身的发展和进化而形成具有一定结构和功能的系统，而开放创新驱动经济社会发展作为一个系统性的过程，也包含一定的自组织特征。因此，开放创新可以运用协同学的相关理论进行引导和规范。

（二）开放创新双驱动战略运行的协同机制的形成与实施

协同机制作为一种范式，既强调系统整体又强调系统要素。简单来说，强调系统内部要素间的互动、要素和系统间的互动以及环境中系统与系统间的互动，因此可以说协同是一种"关系科学"，适合处理多个子系统和要素间的复杂关系，将其进行最大程度的耦合并产生向心力。

1. 开放创新协同机制的过程模型

开放创新双驱动战略运行系统协同有两大机制：协同的形成机制和协同的实现机制。这两大机制的相互作用，可以实现协同效应，促使开放创新双驱动战略运行系统有效而顺畅运转，达成协同目标。开放创新双驱动战略运行系统协同机制的过程模型如图2－6所示。

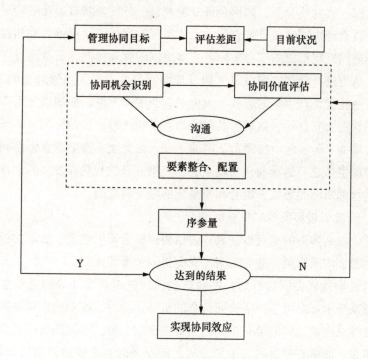

图2－6 开放创新双驱动战略运行系统协同机制的过程模型

2. 开放创新双驱动战略运行系统的形成机制

（1）评估机制。评估机制是开放创新双驱动战略的实施主体之一——政府在进行管理协同之前对所应达到的效果和系统所处环境及目前状况进行比较、权衡二者之间差距后而采取的行为方式。因此，首先，政府对开放创新双驱动战略运行系统所处环境和目前运行状况、价值等方面进行全面的评估，找出与实现协同目标所达到效果的差距。如果评估结果发现通过协同不能改变开放创新双驱动战略运行系统目前的运行状况和产生的效果，则意味着协同是不必要的。如果评估达到了预期结果，说明进行协同是必要的，即通过协同可以获取较大的利益，实现原有系统所不能达到的效果。因此，协同的评估机制决定政府是否选择进行管理协同。需要指出的是，在评估开放创新双驱动战略运行系统目前状况和管理协同目标实现结果之间的差距时，政府要收集相关信息，并进行分析与评价，为随之进行的协同机会识别打好基础。

（2）利益机制。形成管理协同的关键在于在评估协同必要性并确保协同目标一致的情况下，如何合理分配利益。开放创新双驱动战略系统各要素通过管理协同实现了各自单独无法实现的目标，获得更大的利益，这是管理协同机制形成的核心。如各主体之间的管理协同，虽然通过评估机制各自认为进行管理协同可以达到管理协同目标，即实现管理协同效应，但并不意味着管理协同的形成。因为对单个主体来说，即使通过管理协同能实现管理协同目标，但对所获得的利益不能进行合理的分配，甚至看似总利益增加，但实际所得利益下降或不变，因此也不能形成管理协同。因此，协调主体之间的利益，实现互利、互惠、双赢与共同发展的利益机制将促进管理协同的形成，也有利于系统的稳定和发展。

3. 开放创新协同的实现机制

开放创新协同的实现机制具体包括协同机会识别机制、协同价值预先评估机制、沟通机制、整合机制、支配机制和反馈机制。

（1）协同机会识别机制。协同机会识别机制就是开放创新双驱动战略运行系统中寻求可能产生协同机会的机制，及时、准确地识别协同机会是实现开放创新协同的第一步，也是最关键的一步，是围绕协同机会采取管理措施、取得管理协同效果的前提。而要及时、准确地识别协同机会，必须找到影响开放创新系统中运行的瓶颈因素，因此，识别协同机会的过程就是识别瓶颈因素的过程。

（2）协同价值预先评估机制。管理协同的目标就是追求协同价值最大化，而要追求协同价值最大化必须对开放创新战略系统所带来的协同价值进行预先评估，其方法就是通过比较开放创新协同产生的利益与所造成的成本的大小，利益越大、成本越小，开放创新协同所带来的协同价值就越大。

（3）沟通机制。沟通机制是指为使开放创新战略系统中各子系统或要素能更好地产生协同，并使系统发挥整体功能所采取的一切交流方式。有效的沟通机制是开放创新协同成功实现的前提。协同机会识别与协同价值预先评估是通过在开放创新双驱动战略运行系统内外进行广泛深入、有效的相互沟通和交流基础上而被各主体清晰地理解、认同和接受，并转化为自觉行为。有效的沟通机制可以帮助开放创新战略系统中各主体整合目标、形成共同利益，增强主体间相互信任，降低主体间协同成本。

（4）整合机制。整合机制是开放创新战略系统有序化的过程，它是在协同机会识别、协同价值评估及沟通交流的基础上，为实现开放创新协同而对协同要素进行的权衡、选择和协调的机制，既包括对开放创新战略系统内部各子系统或要素的协调与配置，如开放、创新子系统之间的衔接和配合，以及资金、技术、人力资源等要素之间的配置，也包括企业与政府、高校、科研院所产学研的合作等。整合的实质是最大化地挖掘开放创新双驱动战略运行系统各子系统或要素的优势，弥补不足，使系统由于优势互补而产生整体功能效应。整合机制可以使协同主体更好地进行开放创新协同，改善或突破影响和限制系统发展的瓶颈，实现开放创新系统的价值增值和系统整体效应，并使各协同要素发挥最佳作用。

（5）支配机制。支配机制是指系统在变革或不稳定阶段，开放创新双驱动战略运行系统各子系统或要素由于协同作用创造序参量，序参量反过来又支配各个子系统或要素按它的"命令"合作行动。同时，众多子系统或要素对序参量的"伺服"又强化着序参量自身，使整个系统自发地组织起来，致使系统从变革阶段的无序状态走向有序状态，产生新的功能结构。

（6）反馈机制。在序参量的支配作用下，开放创新战略系统将会从无序走向有序，形成新的发展空间和功能结构，进而使系统实现整体功能效应，但这种效应是否就是开放创新协同所追求的效应，还必须通过反馈，将其与开放创新协同的目标进行比较，如果二者一致，则说明实现了开放创新协同的预期目标；如二者不一致，则说明没有实现预期目标，需要对协同机会的识别、协同预先价值评估、交流沟通以及要素的整合和配置给予重新考虑，并通过走持续、循环的发展道路，产生出新的支配系统发展的序参量，最终实现管理协同效应。

五　开放创新双驱动战略运行的保障机制

开放创新双驱动战略运行，需要建立起相应的保障机制，包括思想保障、组织保障、投入保障、人才保障和文化保障。

（一）思想保障机制

郑州开放创新双驱动战略不仅对政府的创新战略和政策工具的供给能力提出了新的要求，也为郑州创新体系建设和科技管理体制改革提供了重要视角，因此，需要在思想层面为郑州开放创新双驱动战略的实施提供保障。

1. 在观念上树立后经济危机时期战略机遇意识

"十二五"期间，郑州要以科学发展观为指导，准确把握后危机时期经济全球化带来的重大机遇，通过"开放"与"创新"的有机结合，充分利用"两个市场、两种资源"，推动郑州经济发展方式的加速转变。中国的研发队伍规模和财力投入都已位居世界前列，随着经济发展转型的巨大压力，这些都成为中国加快提升自主创新能力的强大牵引。自主创新政策史无前例地成为中国与世界强国对话的焦点。争论的核心，就是政府对企业创新的支持工具是否破坏了竞争环境。历史经验证明，每一次全球性或区域性危机都是一次重新洗牌的战略机遇。后经济危机时期国际产业的大调整、大重组，蕴涵着极大的战略机遇，是经济发展战略机遇期中的黄金期，郑州市必须牢固树立抢抓战略机遇的强烈意识与紧迫感，充分发挥郑州大市场与低成本的双重优势。

2. 在思想上始终坚持开放创新战略不动摇

全球化塑造了全球创新要素的空间联系和相互作用。全球化在加快各类生产要素流动，催生创新涌现的同时，也使企业和国家面临前所未有的激烈竞争。生产力的突飞猛进与创新带来的破坏性创新浪潮结伴而行，使得经典的工业革命在过去30年的巨变方面黯然失色。就政府而言，开放创新意味着有效降低经济发展和创新治理等秩序的"重建成本"，其关键在于是否有足够灵活的制度安排。这一制度安排的核心内容包括：产业界与学术界融合的渠道和国家公共创新资源对企业创新的响应程度，创新企业集群的规模和质量，创新政策与经济等其他相关政策的协同，创新的国家系统与全球系统的联系等。在全球化时代，只有始终坚持对外开放与自身创新，才能发挥郑州的比较优势与后发优势，才能有效利用"两个市场、两种资源"，加速郑州经济发展。

3. 在思路上按照转变发展方式的要求适时调整发展战略

转变经济发展方式，这是中央"十二五"期间的重要任务，郑州开放创新双驱动战略要按照中央转变经济发展方式的要求，调整目标、重点与政策，充分利用全球资源来支撑郑州实现发展方式的转变。同时，郑州开放创新双驱动战略也是河南整体发展战略的重要组成部分，必须服从河南整体发展战略的要求。

我国已是全球化进程中不可或缺的重要参与者。在全球化进程中，中国应充分发挥劳动力和自然资源等综合比较优势，进一步完善市场经济体制；随着产业转移步伐的加快，国际资本、技术要素不断扎根于中国本土，不仅是中国产业技术进步的一支重要力量，也是推动科技全球化不可忽视的因素。伴随着经济全球化，郑州的创新系统也在由相对封闭向不断开放发展，在开放中创新，在创新中改革，无疑是改革开放以来郑州市开放创新战略实施的重要经验。

（二）组织保障机制

郑州市政府要把实施开放创新双驱动战略摆上重中之重的位置，认真研究重大问题，制定落实政策的措施，坚持党政主要负责同志亲自抓开放创新工作，完善领导目标责任制，加快健全以开放创新为主要内容的干部考核评价体系，并将考核结果作为干部选拔任用的重要依据。各有关部门要牢固树立全局观念，紧密结合自身实际，明确目标要求，谋划思路举措，密切协调配合，形成推进开放创新双驱动战略实施的强大合力。

1. 针对郑州开放创新战略的实施进行制度设计与建设

郑州市开放创新战略的制度设计是以最大限度调动区域创新要素投入创新活动为目标。好的制度环境，是郑州开展开放创新活动的土壤，直接影响郑州科技开放创新、管理创新等能力的生成。同时，郑州开放创新战略实施的制度设计不能一劳永逸，制度本身也需要不断的创新。目前，严重制约郑州开放创新双驱动战略实施的体制性障碍依然存在，只有通过加强制度建设来消除这种体制性障碍，才能从根本上解决开放创新战略实施过程中的问题，也才能建立和完善有利于开放创新的体制和政策环境，充分发挥开放创新驱动对经济发展的关键性作用，不断增强经济增长的内生动力，为加快经济发展方式转变提供制度保障。

2. 完善郑州市开放创新体系

完善郑州市开放创新体系，为郑州开放创新双驱动战略实施创造更加完善的制度环境和良好的创新氛围。要通过有效实施国家科技创新工程，构建更多基于战略性新兴产业创新需求的科技创新战略联盟，加强创新型企业建设和科技创新服务平台建设，尽快建立和完善以企业为主体、市场为导向、产学研用相结合的科技创新体系。只有这样才能使科技创新更加贴近经济和市场，支撑郑州开放创新双驱动战略实施。

3. 完善郑州市开放创新的环境机制

完善郑州市开放创新的环境机制，创造郑州开放创新双驱动战略实施的公平竞争环境。为了有利于开放创新，需要对开放创新机制进行设计，创造公平竞争的环境，对于关键性的产业、新能源、新材料、节能环保和生物医药等战略性新兴产业，一定要通过创新性的机制设计，给予扶植和支持，创造有利于郑州市开放创新双驱动战略实施的公平竞争环境。此外，在创新驱动战略过程中，拥有完备的创新活动领导协调机制，可以有效降低创新活动管理和执行成本，保证创新发展战略的实施。这种机制旨在鼓励创新型人才成长，规范有序的市场竞争环境以及实现有效的知识产权保护，同时，围绕激发城市科技创新意识和行为，设计导向一致的财政、税收、金融、政府采购等政策体系，以及围绕科技创新提供良好的政府服务等。

4. 成立专门机构，确保战略实施

各级党委、政府要把开放创新驱动战略实施摆上重要议事日程，加强机构建设，强化领导。首先，成立领导小组，负责郑州市开放创新双驱动战略的组织实施。在领导小组下设办公室，负责日常具体推进工作。市直各部门要按照开放创新双驱动战略要求，结合自身职能制定实施细则，各司其职，强化协作，合力推进。各县（市、区）要成立相应机构，制定本地区工作目标、工作措施，完成各项目标任务。其次，强化推进实施。市委、市政府每年召开开放创新双驱动战略推进大会，总结上年工作，安排部署本年度工作任务。领导小组按照议事规则，定期召开会议，对计划推进中的重要事项进行研究、协调。建立季度通报会议制度、月例会制度、重大项目和工作推进周例会制度。

5. 制定完善激励科技创新的政策和举措

制定完善激励科技创新的政策和举措，需加大执行力度，简化手续，规范操作，加强政策间的协调配套，形成全市推进开放创新双驱动战略的政策合力和叠加效应。加强科技管理创新，整合并优化配置全省高校、科研院所、企业等全社会创新资源，促进各类公共服务平台、创新载体的大型仪器设备和技术服务实现开放共享。大力推动自主创新产品政府采购、重大自主装备首购首用等政策的落实。高效运用科技成果转化资金、新兴产业创业投资引导基金等财政科技投入经费，并实行集成联动，引导金融资本、创投基金、社会资本积极参与实施科技创新工程计划和项目，提高政府资金的使用效益和效率。

（三）投入保障机制

1. 进一步加大财政对科技工作的投入力度

郑州市政府要进一步加大财政对科技工作的投入力度，促进政府引导性投入稳步增长，确保财政科技经费的增长幅度高于财政经常性收入的增长幅度，确保财政性科技投入占地区生产总值比重逐年提高，确保财政对知识产权工作经费投入逐年提高，确保政府资金的使用效益和效率。整合科技研发经费和各类专项资金，并实行集成联动，引导金融资本、创投基金、社会资本积极参与实施科技创新工程计划和项目，推动社会多渠道投入大幅增长。鼓励企业创制和采用先进技术标准，对企业参与国际标准、国家标准、行业标准、地方标准制定给予政策和资金支持。优化财政科技支出结构，加强绩效评估，发挥财政资金的引导、撬动作用，提高科技投入产出效率。

2. 加大开放创新双驱动战略的落实力度和科技金融的结合力度

以落实科技政策为主线，以推进企业研发费用税前扣除、高新技术企业税收优惠、重大科技成果转化经费支持等为重点，引导企业从争报项目资金向争取政策优惠转变。加快建立科技创新担保公司，为科技型中小企业提供融资担保。积极发展风险投资公司，构建郑州市各区县联动的风险资金投资运作机制，力争完成风险投资公司郑州市各区县全覆盖。推动企业直接融资，培育和支持科技创新型企业通过规范改制上市进行直接融资。推进科技保险试点工作，降低科技型企业的研发风险，为科技型企业的发展保驾护航。加快设立信贷风险补偿金，为郑州市高新技术产业发展注入活力。

3. 完善金融服务体系，强化公共财政支持保障

鼓励社会资金投入创新服务体系建设，支持创新创业中介服务机构专业化、规模化、国际化发展，提升服务能力和水平。支持技术转移中心、科技孵化器、大学科技园、生产力促进中心、技术标准服务机构及创业投资机构、创新基金的发展，增强创新创业服务功能。配套支持郑州建设专业化、特色化的国家火炬创新创业园。完善创新创业信用担保体系，降低社会资金在创新创业领域的投资风险。加大对科技型中小企业的支持力度，择优配套支持国家创业投资引导基金和科技型中小企业科技创新基金项目。完善知识产权质押贷款、融资租赁、创业风险投资等金融服务，开展科技保险试点。完善创新创业企业的多元化融资渠道，支持科技型企业在国内外资本市场融资。

（四）人才保障机制

郑州市要坚持把科教与人才强市作为经济社会发展的基础战略，统筹推进科技强市、教育强市、人才强市建设，构筑郑州发展的战略优势。郑州实施开放创新双驱动战略，以开放创新驱动经济发展，其中重要支撑因素就是人才保障。

1. 推进高层次人才创新创业基地建设

在培育人才方面，推进高层次人才创新创业基地建设，发挥教育对开放创新的支撑作用。完善区域投资环境和各项人才引进政策，着力推动重点高校学科建设、龙头企业创新能力建设、国家创新型科技园区创新创业能力建设，支持创新型园区探索开展"人才特区"试点，推进以领军人才为核心、以创新创业人才为骨干、以经营管理人才为纽带的创新人才体系建设，打造高端人才集聚地和知识创新策源地。

综观各国的自主创新，教育体制在创新方面发挥着极其关键的作用，教育体制决定了教育的导向和质量，决定了大学在创新中扮演的功能和角色。一个不断创新的教育体制，能够不断完善，能够越来越好地发挥学校在教育中的功能，能够培养出越来越多的富有创新精神、执着于创新、将创新转化为应用的各类人才，能够有力地承担创新的重任。

2. 完善高层次人才集聚工作机制

在使用人才方面，完善高层次人才集聚工作机制，发挥高层次人才的领军作用。坚持人才优先发展战略，实施《郑州市中长期人才发展规划纲要（2010—2020）》和高层次人才发展工程。由郑州市劳动和社会保障

局牵头，各成员单位共同负责，制定高层次人才认定标准、申报方式和扶持政策，考察、引进、培养、评估科技创新领军人才和创新团队，对贡献突出的高层次人才进行表彰和奖励。发挥高层次人才的领军作用，支持郑州高层次领军人才承担国家重大科技专项和省市重大科技项目，促进在最有基础、最有条件的领域突破关键技术。支持创新创业领军人才在新能源、生物、节能环保和新材料等领域创办高科技企业，支持高端创业投资和创新创业服务机构在相关领域发展，发挥创新领军人才集聚效应。

3. 高度重视培养引进创新型人才

在引进人才方面，高度重视培养引进创新型人才。要从长远眼光出发在全国和全球范围内引进一切愿意到郑州创业的人才，并制定引进人才的相关政策，为他们提供施展才华创造条件、搭建舞台。支持国内外高等院校、科研院所与在豫企业联合建设前沿技术研究机构，以"重点基地＋重大项目"等方式引进培养创新领军人才。依托郑州优势学科和重要学科，围绕郑州产业创新发展需求，引进培养一批高层次的创新创业人才和团队。依托创新中介服务机构引进高端创业服务团队，依托创新型园区引进高端创业投资机构。同时，在人才引进过程中，要始终坚持：凡是对郑州发展有益的人才，都要不拘一格选拔、启用、重用，真正形成人才良性互动机制，为郑州开放型经济的发展提供智力支撑。

发展创新型经济，创新型人才是关键。在培养和引进人才上，形成了三点共识：一是不求所有，但求所用。只要有利于郑州市发展，一切可能的利用方式都可以探索。二是不惜重金，敢于投入。把人才的投入放到优先投入的位置，千方百计引进领军人才、拔尖人才和创新团队。三是夯实基础，抓好教育。巩固基础教育优势，大力发展职业教育。近年来，郑州市抓住机遇，出台高层次创新创业人才、海外优秀人才引进实施办法，重点引进了一批在高新技术产业、现代服务业、战略新兴产业等领域拥有自主知识产权、掌握核心技术的创新创业人才。

（五）文化保障机制

郑州市政府要重视开放文化和创新文化的建设。开放文化是关系一个地区走向强盛或跌入衰败的大问题。目前，郑州建设开放文化的首要任务是完善开放文化的思想体系，培育和发展开放文化，引领开放文化的发展方向，奠定市民的开放思维习惯和国际接轨的价值衡量标准，使改革开放成为郑州市民的共识，不至于因为困难而倒退，也不至于因为低潮而动摇，重在形成开放的文化氛围和社会文化基因，形成开放的价值理念和内在共识。第二是大力推动文化开放、文化兼容，实现文化的双向交流，大力输出中原文化，焕发中原文化的无穷魅力，培育开放文化彰显郑州独特的影响力。为此，要启动开放文化建设机制。如：成立协调领导机构，召开有关会议，制定建设规划；推出标志性符号，如创造性地建设开放纪念馆，展出改革开放的巨大成果，教育后人坚持开放，反对封闭；营造开放文化的民间土壤。如：开展开放文化的专题宣传活动，组织专门力量创作、拍摄一批反映开放文化的艺术精品，举办一些国际开放文化研讨、交流、演示活动，创办世界级的"开放论坛"等。

建设创新文化，要树立国家利益与科技创新目标相统一的价值观，革除实际上不同程度存在的重发现轻发明、重成果轻转化、重研究轻管理等价值观念；以国家需求为明确目标的群体攻关型重大科学技术研究，应突出强调国家战略发展目标的导向性和技术攻关的战略性、关键性、集成性，强调不同学科的协同攻关，倡导顾全大局、协力创新的团队合作精神；弘扬艰苦奋斗、开拓进取的精神，尊重植根于团队合作的个体学术自由，营造鼓励自由探索和原始创新，敢于标新立异，不怕失败挫折的宽松、自由的学术氛围；牢固树立竞争意识、法制意识和用户至上意识，弘扬诚实守信、服务社会的理念；信守科研道德规范，弘扬科学精神，创造人才脱颖而出、敢为天下先的人文环境；提供服务优质、信息便捷、环境优美的工作条件。

第三章 定位与选择：郑州开放创新双驱动战略的目标路径

第一节 郑州开放创新双驱动战略的目标定位

郑州市要结合自身资源优势，按照"全国找坐标、中部求超越、河南挑大梁"的要求，紧紧围绕全国"三化"协调发展示范区、现代航空都市区、国家中心城市、世界文化名城建设（两区两城）的总体目标，在城市建设与管理、科技、经济、社会发展和生态文明建设各领域，全面实施开放创新双驱动战略，研究发展思路，制定实施方案，推动开放创新战略向纵深发展。

一 全国"三化"协调发展示范区

郑州要实施开放创新双驱动战略，建设内陆开发开放高地，打造"三化"协调发展先导区，形成中原经济区最具活力的发展区域。具体而言，要在中原经济区建设中发挥六个重要作用：（1）以产业发展为重，将郑州建设成为中原经济区最具活力的发展区域，提升郑州中心城市的地位，发挥核心带动作用。（2）以复合发展为路径，继续遵循"三化"协调发展的理念在推进中原经济区"三化"协调发展中发挥先导示范作用。（3）以高端集聚为先，吸引各类高端要素聚集，力争在局部区域、部分领域、特定产业形成全国影响力，建设中西部地区的开发开放高地。（4）以现代服务业为主，通过金融、物流、文化等服务，有效带动产业上下游和周边地区发展，打造区域服务中心，带动中原经济区整体发展。（5）以生态发展为本，在生态建设方面进行积极探索，将现代农业与生态建设紧密结合起来，以都市型现代农业和完善的生态体系为鲜明特色，为中原经济区其他区域建设提供示范。（6）以创新发展为引领，积极探索新举措，抓好耕地保护工作，提高土地利用效率，在节约集约用地方面进行示范。

二 现代航空都市区

美国北卡罗来纳州大学工商学院的约翰·卡赛德（John Kasarda）教授在《物流和航空都市区的崛起》中首次提出了航空都市区这一概念。对郑州而言，建设现代航空都市区即以郑州新郑国际机场为核心，通过发展航空产业，吸引并带动相关商务服务、休闲娱乐等相关产业协同发展。航空都市区通常包括各产业园、物流园、商务园、批发市场、信息通信技术综合设施、酒店和娱乐中心、零售中心、大型混合居住区等一系列园区，如图 3-1 所示。

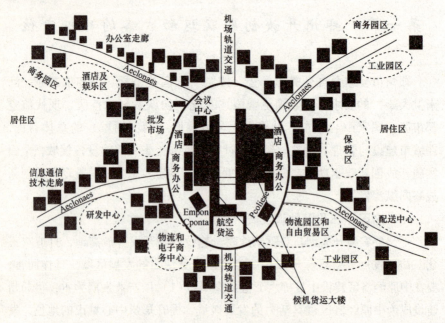

图 3-1 郑州航空都市区概念图

三 国家中心城市

郑州是中部地区和中原经济区社会经济活动重要中心城市，具有多种引领势能，发挥着积极的枢纽作用。加快推动郑州工业结构调整，以高质、高端、高效为方向，建设全国先进的制造业基地；大力发展服务业，以公平、规范、透明的市场准入为标准，建设区域性现代服务业中心；加快转变农业发展方式，以工业化、城镇化带动农业现代化，建设现代都市农业示范区；按照统筹规划、合理布局、完善功能、以大带小的原则，加快建设现代城镇体系；发挥中原经济区交通节点新优势，推进航空、铁路、公路枢纽联动发展，加快建设全国综合交通枢纽；重点抓好大枢纽、大金融、大物流等区域性功能中心建设，全面提升城市综合承载能力和区域发展服务能力，把郑州建设成为带动中原、辐射全省、联动中部的区域性中心城市。

四　世界文化名城

郑州市作为中原经济区的中心城市和华夏文明传承创新区的核心地区，要坚持新型城镇化建设与历史文化名城保护并举的发展道路。因此，在郑州要持续创新理念和实践，从不同角度、不同方面努力推进历史文化名城的保护工作。首先，要发掘提炼商文化。郑州主要是商代文化，商代文化对中国历史是一个大的推进，通过对商文化的发掘可以极大地提升郑州市乃至中原地区的文化内涵。例如，郑州可以和安阳等周边城市系统地进行整合，在发掘商文化遗产的基础上与当代社会结合起来，然后进行现代化的展示，这会极大地增加郑州的城市吸引力。其次，郑州要扩大历史建筑保护范围，给后代更多文化资源。郑州作为历史文化名城主要依托的是商城遗址，在商城遗址的保护之外，郑州市要扩大历史建筑保护范围，特别是在新型城镇化、旧城改造的进程中多发掘一些，多整理一些过去的历史文化名镇、名村、古地名、古牌坊、古街道等，尽可能多地保留下来，给后代带来更多享受文化资源的机会。最后，要让文化遗产为都市区建设服务，为郑州城市发展注入文化生命力。郑州市作为国家级历史文化名城、中国八大古都之一，目前拥有一万多处文物点，因此，郑州市要进一步强化保护提升旧城、规划发展新城的理论，将历史文化名城与城镇化建设有机结合，建立健全历史文化保护机制，确保新型城镇化建设与历史文化名城保护相互促进，共同发展，让珍贵的文化遗产为我们的都市区建设注入绵延不断的文化生命力。

第二节　郑州实施开放创新双驱动战略的基本思路

以郑州市"十二五"规划为指导，坚持以市场为导向，以企业为主体，以支持高技术向现实生产力转化为重点，注重全面开放引资引智与实施科技创新、机制创新和管理创新相结合，特别注重发挥科技创新对经济社会发展的引领、支撑作用以及提升郑州在国际国内产业分工调整和转移中的承接能力和地位,引导和支持创新要素向企业集聚以及重要产业形成集聚优势,促进创新型经济和开放型经济的融合发展,逐步实现郑州经济增长方式由要素投入拉动型向开放创新驱动型的转变。

概括来讲,郑州市实施开放创新双驱动战略的基本思路就是:(1)以创新驱动开放型经济发展,壮大经济规模,并通过引进高科技产业项目来调整产业结构,促进产业结构升级。(2)以开放式创新驱动创新型经济发展,通过创新发展高新技术产业和战略性新兴产业,改造传统优势产业,使开放式创新驱动产业的发展速度高于要素驱动产业的发展速度,提高高科技含量产业在三次产业中的比重,促进产业结构调整和升级,转变经济发展方式。(3)以创新促开放、以开放促创新,通过开放创新的协同驱动力量推动产业规模不断扩张、产业科技含量不断提升、经济结构不断优化和发展方式逐渐转变,最终实现区域经济规模和质量的跨越式发展。

一 以开放驱动开放型经济,实现增量发展

创新开放理念和模式,深度参与全球资源整合和产业分工调整,推动开放朝着优化结构、拓展深度、提高效益方向转变,构建互利共赢、多元平衡、安全高效的开放型经济体系。一是围绕战略性新兴产业,招大引强,高起点布局高端产业,带动相关产业发展,提升产业丰厚度。二是构建承接产业转移平台,引进和利用国内外产业资源,发展产业集群,提高产业集中度。三是加快走出去步伐,鼓励省内大企业大集团在国外投资办厂,大力发展进出口贸易,提高经济外向度。

(一)开放型经济的界定

开放型经济是指随着参与国际分工和交换程度的不断加深,商品、劳务、资本和人员跨国界流动更为自由,本地经济体制与外部经济体制融合度较高的一种经济模式。在开放型经济中,国家之间的制度壁垒(经济制度、贸易保护、关税壁垒;地区之间的行政性分割、税费差异等较低,生产要素、商品和服务可以自由地跨境流动,可以更好地利用内外部"两类资源"和国内"两个市场",从而,实现最优资源配置和最高经济效率。所以,开放型经济与传统意义的外向型经济不同,外向型经济体系是以出口导向为主,更多的是指对外部市场的依赖和利用;而开放型经济通常以开放度进行测量,具体指标包括对外贸易与资本的跨境流动、国际旅游、对外服务和生产开放等。

（二）开放型经济——国内外经验的启示和借鉴

开放型经济基本内涵不存在沿海或内陆的区域差异。构建内陆开放型经济体系，是缓解东西部地区发展不平衡以及顺应国际产业分工新趋势的新思路。内陆城市构建开放型经济体系，与沿海、沿边城市存在很大的不同，而且各个内陆城市各具特色，面临着时空条件、主要问题以及发展道路的选择。正因为如此，郑州市作为内陆城市，在构建开放型经济发展策略上，必将经历一个学习借鉴、客观评估、准确定位、"量身打造"以及科学规划的过程。在国内外开放型经济的发展经验方面，美国芝加哥、印度班加罗尔和中国深圳、重庆等地区的发展模式具备较强的借鉴意义。

1. 芝加哥——美国中西部金融中心

美国内陆城市芝加哥，仅次于纽约和洛杉矶，为美国第三大城市。芝加哥位于美国中西部，地处北美大陆的中心地带，东临密歇根湖，不靠海，是一个老工业内陆城市，连接美国中西部的门户，连接欧洲市场和亚洲市场的东西向纽带，还是连接北约国家的南北向纽带；芝加哥可在一天行程内抵达北美半数以上产业区域，可在两天内抵达北美市场的75%消费者。这一地理位置上的绝佳条件，促进了芝加哥与美国东西海岸、欧洲、亚洲等主要市场之间的商务往来。

自1833年建市以来，经过100多年的发展，加之美国西部开发带来的大量的东部和外国资本，芝加哥成功实现了制造业基地向全球城市的转型，已发展成为美国最重要的工业、金融和商业中心之一，成为国际知名的重要城市之一。但芝加哥在其发展历史上也面临了经济转型的阵痛，在经济全球化初期，地处内陆的工业中心芝加哥难以摆脱地理位置的局限性，陷入工业衰退的阴影，随后，芝加哥积极顺应全球化形势，开展相应的战略研究和调整，形成了独特的多元化开放型经济模式并取得了卓越成绩。①以科技进步推动制造业更新。芝加哥制造业涵盖机械、电子仪器、金属铸造、交通运输、食品加工、印刷、化工等领域，其制造业的快速成长主要得益于科技进步，通过科技进步，高科技企业逐渐取代了科技含量较低的企业，发展成为美国中西部制造业的大基地。②积极进行产业调整。芝加哥大力发展金融、通信、旅游、医疗等服务业，并成为继纽约之后的第二大金融服务中心，促进了就业，推动了经济增长。③积极发展公共服务。芝加哥地理区位优越，是美国东西交通运输的中心，是美国最大的空运中心和铁路枢纽，也是世界上最大的一个内陆港口，交通运输业十分发达，被称为"美国的动脉"。为此，建设了一批极具世界水准的公共服务设施，例如拥有世界级的商业会务、贸易展览中心。④在开放中高起点创新。芝加哥富于创新的城市传统，其在开放中领先于时代的众多创新之举，推动了芝加哥的全球化进程。

2. 班加罗尔——印度硅谷

班加罗尔有"软件之都"和"印度硅谷"之称，是印度南部经济、文化中心之一。班加罗尔的钢铁、机械、电子、化学、纺织、皮革、食品等现代工业十分发达，是印度重工业的中心和政府工业投资的重点地区之一。

20世纪60年代，印度政府开始积极扶持对班加罗尔的信息产业，在该市建设了科学研究所和国家航空研究所等，使该市的信息技术产业得到迅速发展，逐渐成为印度的科学和技术中心，并在1988年被美国《新闻周刊》评为全球10大高科技城市之一。印度于1999年成立信息科技部，继续支持班加罗尔的信息技术产业的发展，加快了该市融入世界的步伐，并成为当今世界公认的软件外包服务基地和全球第五大信息科技中心。

3. 深圳——沿海开放型经济示范区

深圳市是以创新型开放驱动开放型经济发展的典型。深圳市在开放型经济发展中特别注重将开放与创新相融合，提出"产业第一，企业为大"的理念，逐步完善了以企业为主体，以市场为导向，以产业化为目的，以科研院所和大专院校为依托，以官产学研介相结合的区域创新体系，通过自主创新调整经济结构、改善经济质量，打造了"效益深圳"，成为开放型经济发展的典型。（1）在发展开放型经济的过程，积极依靠自主创新实现经济增长方式转变和经济结构调整。（2）坚持创新型开放，促进创新与开放的融合，在扩大对外开放过程中，积极培育企业作为技术创新的主体。目前，深圳市已形成了以推动企业自主创新为特色的自主创新模式、创新体系、创新政策和创新氛围。（3）积极培育开放创新的文化氛围。深圳独特的地缘与人缘环境，造就了深圳文化的开放性、包容性、创新性等特点，吸引了大量海外人士进行投资。深圳形成了开放的社会观念和文化氛围，突出体现为"坚持开放、鼓励创新、宽容失败"社会价值认同。在这样的氛围里，创新企业如雨后春笋，创新人才大量涌入，并茁壮成长，形成一支极具强烈的开放、创新精神和竞争意识和市场驾驭能力的优秀企业家队伍。例如，华为的任正非、比亚迪的王传福、腾讯的马化腾等，这批企业家的成长不仅带动了企业自身的持续快速发展，而且为创新型开放树立了典型。

4. 重庆——内陆开放型经济示范区

地处西部内陆腹地的重庆，是国家西部大开发战略的实践者，肩负着建设长江上游经济中心的重任。重庆发展开放型经济，虽然受到内陆地理区位的限制，但却拥有丰富的资源和广阔的市场优势。近年来，重庆在全球化经济推动下，跳出了传统思维的束缚，以开放的思维发展壮大自身实力，找准自身定位，依托西部腹地市场，发挥政府在政策引导和资源配置方面的积极作用，发展具有较高附加值的工业和第三产业，走出了一条发展内陆开放型经济的新道路。

重庆开放型经济发展模式强调在政府主导下，通过放宽市场准入，扩大民营经济的经验范围和领域；营造民营经济公平竞争的市场环境；培育重点民营企业，提升区域产业竞争力，积极参与市场竞争，具有如下显著特点：（1）核心——政府"高调挺私"助推民营经济发展；（2）亮点——政府积极鼓励民营资本进入新的领域、矿产产业、公用事业和基础设施领域、垄断行业，包括电力、铁路，乃至造船及航运等；（3）基础——民营经济量、质同步提升，形成了一批具有较强竞争力的企业和产业；（4）实质——制度创新，促进了市场经济健康运行。

5. 国内外开放型经济发展的经验借鉴

从重庆、芝加哥、班加罗尔以及德国鲁尔区的发展经验中，我们可以看到，内陆地区也可以打造经济中心、金融中心，关键在于具有独特的产业发展特征，聚集各类生产要素，实现产业集中，打破产品销售和服务的地方垄断，进而实现开放型经济发展。由于经济制度和发展历史等因素的差异，我们不能照搬上述地区的发展模式，但有几方面的共同点值得借鉴：

（1）抓住机遇，谋求快速发展。例如，芝加哥抓住了第二次世界大战后国际产业转移和美国西部开发的机会，发展成为全球金融和美国交通中心；长三角和珠三角利用我国改革开放和国家产业转移的机遇，实现了经济快速飞跃。目前，我国正处在东部向中西部产业转移的关键时期，因此，郑州市一定要抓住承接产业转移中的历史机遇，扩大开放，乘势而上，大力发展开放型经济。

（2）结合自身，找准定位。芝加哥和班加罗尔同处内陆，却都走出了一条与沿海城市媲美的发展之路，前者成为美国金融和交通运输中心，后者成为印度"硅谷"。因此，郑州同样作为内陆城市，要找准定位，打造自己的特色产业，集聚全球先进生产要素，形成产业集群，大力发展开放型经济。

（3）充分发挥政府的主导作用。印度政府积极推动班加罗尔信息产业的发展，制定优惠政策，优化资源配置，集聚全球资源；德国政府通过实施产业结构调整，推出一系列优惠政策和财政补贴，改造传统产业和扶持新兴产业并举，在内陆地区成功促进了开放型经济的发展；中国政府通过系列优惠政策，为长三角和珠三角发展提供政策优先权，促使其在开放中取得了大发展。因此，郑州市也要借助国家建设中原经济区的战略布局，积极争取中央和省委省政府的支持，以推动开放型经济发展。

（4）完善的基础设施体系。国内外开放性经济城市的历史经验表明，在发挥比较优势的基础上，水陆空运输条件越好，生产要素的集散程度和内外互动越好，开放水平就越高。郑州市作为中国重要的交通枢纽，应当完善枢纽功能，发挥其优势，从而降低物流成本，为开放型经济发展打造优良环境。

（5）优化市场环境。发展开放型经济需要自由、公平、法治的市场环境。中国中西部地区在这方面落后于沿海城市，因此，郑州必须先行一步，创造具有比较优势的制度和市场环境，为吸引外资和促进开放型经济发展提供良好条件。

（6）构建开放的人文环境。人才聚集是经济发展的关键因素，郑州应当借鉴先进经验，不断注入开拓、创新、合作的人文内涵，成为内陆地区人才高地。

应该说，郑州市正在或是已经建立了上述的比较优势，已具有内陆开放型经济发展的基础条件。在国家正加大拉动内需，促进经济发展的背景下，郑州应抓住这一历史机遇，借鉴上述城市和地区的成功经验，吸引全球资源，形成一系列独具特色和竞争力的产业链，兼顾两个市场和两种资源，使其成为中部内陆地区重要的开放型经济先行区。

（三）郑州发展开放型经济的思路

创新型开放就是通过进一步对内对外开放，使商品、服务和生产要素（资本、技术等）能够越来越自由地流动，从而实现资源的优化配置和产业结构的不断调整和优化升级，创新型开放的载体就是开放型经济。

开放型经济的实质是通过贸易自由化、投资自由化，实现一个国家或地区产业结构的不断调整和优化升级。所谓贸易自由化实质上是指消除国家或地区间限制彼此间贸易的措施。而投资自由化是给予投资方最惠国待遇和国民待遇，提高投资体制透明度，完善和优化投资制度和投资环境，同时加强技术援助和合作活动以促进投资。投资和贸易相互促进，投资的自由化和便利化，促进了一个国家或地区的经济增长，经济增长又反过来促进了进出口贸易的增长，在这个过程中，投资结构和贸易结构的改变决定了一个国家或地区产业结构的调整和变化。开放型经济发展不仅取决于该地资本和劳动投入增长，还取决于国内外资本流动配置能力和规模。历史经验表明，开放型经济体系的形成和发展都存在一个较长的推进过程，即由较低水平的开放程度到较高水平的开放程度、由范围有限的商品和部门开放到范围广泛的商品和部门开放，从被动适应市场的变化到积极影响市场发展的过程。

就郑州市来说，发展开放型经济的基本思路是：以创新型开放驱动开放型经济发展，壮大经济规模，并通过引进高科技产业项目来调整产业结构，促进产业结构升级。随着郑州市经济社会开放度的提高以及向纵深推进的市场化，生产供给能力、生产水平、贸易总量和技术水平取得了极大提高，其在国内外商品市场、劳动力市场、高素质人力资本供给及技术扩散等方面的影响力日益扩大，郑州目前已进入到"开放型经济的新阶段"，在该阶段，推动创新型开放的重心逐渐转移到如下几个方面：

1. 实现三个逻辑层面的转换

一是在开放目的上，需要从简单参与到高度参与国内外分工合作，最优化配置全球资源，以实现最大化效率；二是在开放形态上，需要从单纯进出口转向生产要素的自由跨境或跨区域流动；三是在开放内涵上，需要从强调鼓励进出口政策转向更为开放的市场支持政策，在制度上充分发挥市场的基础性作用。

2. "招大引强"，壮大产业规模

为了进一步提升开放水平和打破行业垄断，积极采用项目融资、股权投资、企业并购、境外上市等方式，吸引跨国公司和境外投资机构来郑州市投资，千方百计扩大招商引资规模。根据郑州市七大重点行业发展规划、"2+2+3"现代工业体系布局，实施"招大引强"工程。第一，建立招大商、引龙头项目工作机制，分区域、重产业、针对性地开展招商引资活动，加强与国内外 500 强和主导产业 20 强企业对接，引进一批像富士康一样具有"三力"（国际影响力、国内辐射力、国内外资源聚合力）的重大产业项目，并带动相关配套产业发展，实现产业集聚，在短期内壮大重点发展产业的产业规模，形成对开放型经济发展的支撑力。第二，强化"产业链招商"，围绕郑州市七大重点发展产业的产业链条，按照"补链"、"建链"、"强链"的要求，即围绕汽车及装备制造业、电子信息产业等战略支撑产业链条的缺失环节进行"补链"，围绕新材料产业、生物及医药产业等战略性新兴产业进行"建链"，围绕铝工业、食品工业、纺织服装等传统优势产业链进行"强链"；广泛开展产业链招商活动，迅速壮大产业规模。第三，引导鼓励企业"上大船、攀高亲"，采取联合、兼并、重组、嫁接等方式进行横向重组和上下游整合，与国内外知名企业或投资机构合作、合资，引入战略投资者，促进企业增资扩展、壮大规模，提升产业丰厚度。

3. 加快"走出去"步伐，开拓国际市场

大力发展开放型经济，全力释放民营经济发展潜力，加快六大支柱产业扩大规模、提高水平、提升层次。培育大企业大集团，大力发展进出口贸易，提高经济外向度。依托大型出口企业和主导型出口商品，培育科、工、贸一体化外向型出口主体，构建新型外贸出口主力军。

4. 东引西进，承接产业转移

实施东引西进，强化承接东部地区产业转移的能力。利用郑州在中原经济区中的核心地位，创建承接产业转移平台，引进和利用东部地区先进的技术、管理方式以及资金和专业人才，加快郑州市内产业和企业技术升级，引导东部企业参与郑州市企业改革与重组，或在市区内建生产基地，壮大产业规模。

5. 注重规模扩张与结构调整的结合

在发展开放型经济的过程中，壮大产业规模的同时，要坚持做大做强与做优做精相结合，从战略上谋划产业结构调整，在规模上做大战略支撑产业、在增量上做强战略性新兴产业，在存量上改造提升传统产业，在质量上引进高新技术产业，实现郑州市产业发展从规模化、集群化向高端化、精深化发展，逐渐调整产业结构，促进产业结构升级。

二 以创新驱动创新型经济，转变发展方式

进一步提高各类创新主体的创新能力，以全球视野谋划和推动创新，促进科技与经济紧密结合，实现产业结构转型跨越。一是加强技术集成，强化产业创新和商业模式创新，抢占产业发展制高点。二是通过创新大力发展高新技术产业和战略性新兴产业，提高高新技术产业在二产、三产中的比重，使创新要素驱动的高技术产业发展速度高于由生产要素驱动的传统产业发展速度，加快结构调整，转变发展方式。三是以创新能力建设和创新型经济为载体，加快建设创新型城市。

（一）创新型经济的内涵

创新型经济是以资源节约和环境友好为基本要求，以知识和人才为依托，以创新为主要驱动力，以发展拥有自主知识产权的新技术和新产品为着力点，以创新产业发展为标志的经济形态。其基本特征是由靠物质投入（资本、劳动、土地）转向创新（知识、技术、制度）驱动经济增长，形成具有自主创新能力的现代产业体系，企业成为技术创新的主体，大学和科研机构则为技术创新提供强力支撑。创新型经济模式的核心是基于知识、技术、企业家精神的创新，经济政策的目标是促进创新和生产力高度发展，是如何激发经济主体创造新产品、服务和商业模式来扩大财富，促进经济增长，提高生活质量。创新型经济意味着革新，意味着不断向前突破，意味着经济增长不是来源于更多的投入及提供更多的同类产品，而是源于相对较少的投入和高效率的创新（新价值、新产品、新服务、新程序、新管理模式）。

（二）创新型经济——国内外经验的启示和借鉴

创新型经济的显著标志是基本实现工业化，并正在实现或完成信息化，制造业利润主要来源于产业链上最具创新的两端而不是制造过程，现代服务比重较高，知识产业发达，并通过技术标准和专利控制了经济的某些领域，科技的商业化应用趋于成熟；经济保持持续较快的增长，区域国民福利水平显著提高。创新型经济具有较强的持续性、较强的稳健性和抗周期性衰退能力、较强的创新维系能力。在国内外创新型经济的发展经验方面，英国伦敦、日本东京和中国上海、大连等地区的发展模式具备较强的借鉴意义。

1. 英国伦敦——欧洲创意中心

伦敦作为世界的金融中心之一，在国际贸易中扮演着重要的角色。但近年来，伦敦的金融服务业也出现了衰退。为此，伦敦通过创新和创新型经济——特别是发展创意产业——为经济注入了新的活力。伦敦发展创新型经济具有如下优势：①强大的研究创新实力。伦敦市拥有英国近三分之一的高等院校、科研机构，拥有世界上享有盛誉的生命科学、生物医学等方面的研究机构。②伦敦城区拥有世界最古老、最成功的金融和商业企业集群，并且这些企业都位于知识经济的最前沿，伦敦有 25 万以上的企业，占英国企业数量的 16%，超过 100 个欧洲 500 强企业在伦敦设有总部。伦敦拥有高度发达的科技服务业，其就业人数在英国排名第二。

伦敦创新性经济的总体战略目标就是充分发挥自身优势，把伦敦建设成为世界领先的知识经济实体。为实现这一战略目标，伦敦主要采取以下措施来提升城市的创新能力：①注重企业创新，重点扶持中小型企业。因此，伦敦市建立"知识天使"创新指导网络，为中小企业创新提供经验，特别是提供新服务、新产品开发的专业型人才指导中小企业创新。当企业取得一定发展后，"知识天使"鼓励创业者参与或创建网络，并协助他们申请创新基金。此外，伦敦市大力开展"青年展望项目"和"教学公司项目"，以鼓励青年在创建创新型城市中发挥作用，引导知识在组织和个人之间传播，更好地应用于创新过程。②加强区域创新体系建设。伦敦通过提高科研院所对商业企业创新支持效率和透明度，增加孵化器的规模、种类和范围，建立产学研有效创新平台和运行机制，打破了产学研合作壁垒，大幅提高科研院所间的协作水平，以及创新成果的商业化水平及范围等，以此来提高创新的效率和水平。③营造创新文化氛围。伦敦通过发展和提高城市创新品牌，并向各种机构宣传、沟通城市创新战略目标和愿景，来提升市民的创新意识，营造创新文化。

2. 韩国大田——以科学城创建亚洲新硅谷

韩国大田面积不大、土地贫瘠、资源匮乏，但就这样一个小城市，其国民经济总额却占韩国 GDP 的 20%，是韩国创新型经济发展的成功典范。韩国大田创新型经济发展主要得益于该市成功推行以科学城带动城市创新的政策。20 世纪 70 年代，韩国政府为摆脱经济过分依赖加工型行业的状况，从根本上提高国家竞争力，投入 15 亿美元在大田建设大德科学城，大德科学城在初期进度缓慢。1990 年，韩国政府整合韩国高等科学技术学院并由汉城迁入大德科学城，使其获得了强劲的发展动力。韩国高等科学技术学院根据市场需求和市场规律办学，迅速集聚人才和资金，科研成果直接面向创业企业，实现了教育、科研、产业的自然连接，大德科学城迅速崛起，集聚了 70 多家政府和民间的科研和教育机构，900 余家高科技企业，形成了总体规模现代、科研设施先进、人文精英荟萃的专业化科研基地，同时它又是科研与成果转化融为一体、科研与产业密切结合的高科技企业孵化基地。一所成功的大学，形成了一座科学城，一座成功的科学城又助推了相关产业和相关区域的经济发展。这也是大德科学城与大田的成功所在。

3. 上海模式——以自主创新提升知识竞争力

2003 年，上海市率先提出了城市创新体系的基本框架和机制，使上海成为国家和国际知名的创新中心。根据国家统计局和科技部联合完成的《2005 年全国及各地区科技进步统计监测报告》，2005 年度上海综合科技进步水平指数位居全国首位。与此同时，由中国科技发展战略小组完成的《2004—2005 中国区域创新能力报告》显示，上海区域创新能力也位居全国首位。两个"首位"凸显了上海创新能力在全国的地位，也显示了上海创新型经济发展的良好势头。

因此，坚持以应用为导向的自主创新，提升城市"知识竞争力"是上海实施开放式创新战略，大力发展创新型经济的主要经验，具体体现在：基于国际视野推动自主创新、坚持应用导向推动自主创新、突出的国家目标推动自主创新。第一，基于国际视野推动自主创新。以"知识竞争力"为参考基准，上海市制定了中长期科技发展目标，计划到 2020 年实现知识竞争力排名进入世界大都市（地区）第二集团，知识社会形态初现，率先成为国家创新型城市。第二，坚持应用导向推动自主创新。以创新的效率和效益作为科技创新的根本定位；将原始创新、集成创新和引进消化吸收再创新作为科技创新的基本路径；以战略产品研发和示范工程建设作为科技创新的两个抓手；以企业、高校和科研院所作为科技创新的主要载体，突出产学研互动，使技术创新活动体现市场导向。第三，突出的国家目标推动自主创新。上海市紧紧围绕国家战略目标，突出强调对接国家的战略任务，强调科技创新战略与国家规划纲要的关联度超过 80%。

4. 大连模式——整合创新资源，寻求创新能力突破

在日益开放的经济条件下，如何实现自主创新能力的不断提升，这是创新型经济发展的一个重要课题。近年来，大连市以增强引进消化吸收再创新能力为突破口，加快用自主创新转变经济增长方式，最大限度地整合创新资源，走出了一条以消化吸收再创新为特征的创新型经济发展道路，在产业技术进步、创新环境构建等方面取得了显著成就。

（1）整合技术资源。大连市以软件产业、装备制造业、数控技术为重点产业，积极鼓励中外企业进行技术研发合作、实施技术并购或设立海外研发中心，坚持引进改造、消化吸收和创新发展的路线，不断推动产业技术进步。例如，大连软件园由于其产业技术优势被国内外业界誉为"中国的班加罗尔"。

（2）整合人才资源。大连市针对不同对象、不同需求制定十多项优惠人才政策，投入巨额资金鼓励和支持企业引进高技术人才，重点引进国外公司退休高级技术人员。

（3）整合政策资源。大连市积极改革财税政策、产业政策、专利政策和科技政策，通过开放的政策环境形成政策合力，最大限度地吸引各种创新资源集聚。

5. 国内外城市发展创新型经济的经验启示

国内外城市创新型经济实践对郑州市创新型经济发展提供了有益的启示：

（1）立足郑州实际，按照郑州在中原经济区的功能定位，制定创新型经济发展战略规划。深入分析郑州市科技资源，清楚认识和准确判断本市科技创新发展阶段性特征，研究制定全面的创新战略和行动纲要。

（2）营造有利于企业自主创新的社会环境和文化氛围。发展创新型经济，要特别注重营造整个社会创新环境，发挥创新文化的积极作用，培育和扶持中小高新技术企业的自主创新能力。韩国大田、中国上海之所以能形成区位竞争优势，毫无疑问都得益于崇尚竞争、容忍失败、敢闯敢试的创新文化。

（3）提升郑州市原始创新能力和产业集群整合力。要发展创新型经济，必须从模仿创新转向原始创新，通过发展创新型产业集群——例如，韩国大田的 IT 产业集群、英国伦敦的创意产业集群等——来提升城市竞争力。

（4）不断加强郑州市的集成创新能力。发展创新型经济，建设创新型城市，要以技术为核心，重视技术的集成创新，加强技术间的有效衔接，形成大批具有竞争力和自主知识产权的产品和企业，提高创新资源的配置效率，进而提升自身自主创新能力。

（三）郑州市创新型经济发展的思路

发展创新型经济，就是以创新发展理念，科学配置各种生产要素，主要依靠科技、知识、人才、制度等要素及要素的不断创新来驱动经济的发展，这是经济社会发展到一定阶段后，经济发展方式转变的内在和客观要求。纵观世界经济发展历史发现，人类社会经济发展可以根据生产方式划分为农业经济时代、工业经济时代（工业经济初期、中期、后工业化时期）和知识经济时代，每个经济时代中主导经济增长的关键生产要素不同，对经济增长做出决定性贡献的产业也不同。农业经济时代，土地和劳动力是主导经济发展的关键生产要素，农业是主导产业，经济发展呈现粗放式发展的特征。

在工业经济时代的不同时期，资本、技术、人才、管理、制度等先后成为主导经济增长的关键要素，其中，工业化初期和中期，由于片面追求经济增长，先后出现了以严重依赖资源、大量消耗资源、严重污染环境为主的"增长型经济发展"；单纯依靠引进设备和技术，缺乏自主创新的"模仿型经济发展"；以及满足于成为一个世界出口加工基地的劳动密集型的世界"生产车间的经济发展"，由此引发了社会经济中的诸多问题。

目前，郑州已进入工业化后期，如何构建符合科学发展观、可持续发展的创新型经济，切实转变经济发展方式，成为亟待解决的战略问题。对郑州市而言，发展创新型经济的思路是：以开放式创新驱动创新型经济发展，通过创新发展高新技术产业和战略性新兴产业，改造传统优势产业，使开放式创新驱动产业的发展速度高于要素驱动产业的发展速度，提高高科技含量产业在三次产业中的比重，促进产业结构调整和升级，转变经济发展方式。

发展创新型经济的实质是通过创新，提高产业的科技含量，加速高科技产业的规模扩张，逐渐实现经济发展方式向开放式创新驱动、内生增长的转变。这里开放式创新驱动就是在发展中突破原有的发展理念，在科技、制度、机制、管理和文化等方面进行全面的创新，使新的经济发展方式涵盖创新的各个方面；内生增长就是切实把创新（非照搬或模仿）作为经济增长的主要推动力。

2011 年，郑州市人均国内生产总值已超过 7000 美元，这标志着郑州市经济发展已进入到工业化后期，今后一段时期将处于从工业化后期走向后工业化的关键发展阶段，该阶段的核心就是加快转变经济发展方式，推动经济发展方式向开放式创新驱动发展转型，为此必须找到一种加快转变原有生产方式的载体，这个载体就是发展创新型经济。因此，以开放式创新驱动为核心，以创新型经济发展为载体，通过创新发展高新技术产业发展和战略性新兴产业，改造传统优势产业，提高产业科技含量，加快产业规模扩张，转变经济发展方式，这是郑州建设创新型城市的客观要求和正确的战略决策。因此，未来郑州市发展创新型经济的重心应该放在如下几个方面。

1. 强化"产业创新"，提高产业科技含量，加速产业规模扩张

郑州市发展创新型经济，必须改变目前资源性产业所占比重超过50%的现状，其核心就是"产业创新"抢占产业发展制高点，加速发展高新技术产业发展和战略性新兴产业。在这个过程中必须协调好科技创新、发展速度、规模扩张三者的关系。科技创新是前提，没有科技创新，很难发展高科技产业和战略性新兴产业，就不能提高产业的科技含量，更不能使这些产业成为一个郑州市经济发展的支柱产业；发展速度是关键，没有一定速度就谈不上产业发展，就无法保证开放式创新驱动的产业发展速度超过要素驱动产业的发展速度，就会使郑州市高科技产业和战略性新兴产业无法追赶和超越长沙和武汉，就无法抢占产业发展的制高点；规模扩张是要求，没有规模就没有效益，因此必须通过科技开放式创新驱动产业规模扩张，一旦形成产业规模，不仅能创造巨大的经济效益，还能产生可观的社会效益。国际经验也表明：科技创新是产业发展的强大动力，产业发展是技术创新的肥沃土壤，只有产业发展与技术创新紧密结合才能保有旺盛的生命力。因此，郑州只有发展创新型经济，通过产业创新加速产业规模扩张，才能实现工业经济"三年倍增五年超越"的目标。

2. 以开放式创新驱动"内生增长"，转变经济发展方式

创新型经济的本质是"内生经济"，是以实体经济为基础、以现代经济发展为目标、以智力资本为关键要素、以智慧创意和科技创新为引领的经济形态，通过不断创新，提升科技创新、体制创新、机制创新、管理创新、文化创新对经济增长的贡献率，通过不断地将创新成果转化为现实生产力，实现开放式创新驱动、内生增长的经济发展模式。对郑州市而言，发展创新型经济并不是片面发展高新技术产业和战略性新兴产业，也包括通过创新对传统产业进行转型、优化、升级，例如通过技术创新，实现生产过程的自动化，研究设计开发数字化，产品成果的智能化；通过管理创新，实现企业管理的现代化、电子化，商务交易网络化等。

3. 以创新型经济为载体，建设创新型城市

创新型国家（地区）具有如下基本特征：创新综合指数明显高于其他国家（地区），科技进步贡献率超过70%，研发投入占GDP比重高于2%，对外技术依存度低于30%，发明专利多、创新产出高。

目前，郑州全社会研发投入和政府科技研发投入、"211工程"大学数量、国家级科研院所等均在中部六省省会城市中排名最后，与创新型城市的标准相比，存在明显的差距，因此，只有依靠开放式创新驱动，大力发展创新型经济，才能实现"全国找坐标、中部求超越、河南挑大梁"战略目标，才能真正建设成为创新型城市。

4. 发展创新型经济，追求"以人为本"

创新型经济强调经济社会效益的和谐发展，特别是其能够为居民生活的提高做出的贡献，集中体现在"以人为本"的思想，在重视物质财富增长的同时，更重视通过创新改善居民生活质量和提高社会福利水平，这明显区别于"以物为本"的传统发展观，后者以GDP增长为导向，把人作为经济增长的手段，把自然界看作是人类生存和发展的索取对象，把物质财富增长作为社会经济发展的关注点，忽视了经济增长与环境是此消彼长的关系，忽视人、自然和社会的协调发展。创新型经济克服了传统的"以物为本"发展观的局限性。

三　以开放创新协同驱动，推进跨越发展

开放创新协同驱动就要在开放中高起点创新，创新中高起点开放，以开放促创新，以创新促开放，形成大开放、大创新、大合作、大协同的新格局，实现经济社会的跨越发展。一是借力跨国公司进行联合创新，通过技术收购助推自主创新，集聚多方资源实施协同创新。二是以创新型企业、高校、科研院所和科技园区等创新主体或载体为依托，与国际知名科研机构、大学或企业联合建立国际科技合作基地。三是以开放创新协同驱动，增创开放型经济和创新型经济融合发展的新优势，在提升创新能力、开放水平和综合实力上取得新突破。

创新主要是指通过制度创新和技术创新提高生产力，推动经济及社会发展的动态过程；开放是一个国家和地区吸收、整合全球资源，谋求本国利益最大化的经济社会发展战略。离开了开放，创新就是封闭的，创新就成了无源之水，将会举步维艰并最终被世界创新潮流所淘汰。离开了创新，开放就是低层次的，无法实现质的突破，最终将裹足不前。

开创和创新有机融合，才能凸显叠加效应，形成真正意义上的开放创新协同驱动。

开放创新协同驱动，一是要在创新中开放，树立"大开放"理念，把握互利共赢原则，通过"引进来"和"走出去"，构建对外和对内的"双向开放、内外互动"的全方位开放格局，更好地利用国际资源发展郑州经济，不断增加经济总量，同时，更加深入地参与全球产业分工和区域经济合作，引入高技术产业和新兴产业，不断调整自身产业结构，形成符合郑州实际的开放型经济的特有发展道路。二是要在开放中创新，以提高进出口产品附加值、外资利用率和企业核心竞争力为出发点，实现从以往单纯靠内部力量推动体制机制创新、科技创新、产业创新，转向通过开放同时利用内部、外部力量双向驱动，实现开放促进创新、创新带动开放，通过发展高新技术产业和战略性新兴产业，改造传统优势产业，提高产业科技含量，加快产业规模扩张，转变经济发展方式，形成富有郑州特色的创新型经济发展模式。三是要开放与创新互动，以更加开放的胸怀、开放的思想、开放的办法来吸纳一切创新要素，并通过创新带动更宽领域、更深层次、更高水平的开放，探索并走出一条以创新型开放和开放式创新驱动有机融合为特征，以开放型经济和创新型经济相互促进为载体的社会经济发展新模式，从而真正发挥创新型开放和开放式创新驱动的叠加效应，加快释放生产力，促进郑州经济的跨越式发展，实现工业经济"三年倍增五年超越"的战略目标。

第三节　郑州实施开放创新双驱动战略的路径选择

一　开放驱动与创新驱动的测度指标

（一）开放驱动与开放度

在经济全球化条件下，开放驱动力是推动城市经济发展的源动力之一，是城市参与国际经济合作与竞争的新要素，其基本特征是"内外联动、互利共赢"。开放度则是衡量开放型经济水平的重要指标，一个城市开放程度越高，利用国外资金和国际资源就越充分，取得的发展效益也越大。已有研究表明，作为衡量一国或地区开放驱动力作用下经济发展水平的重要指标，开放度与开放驱动力之间呈正相关关系。本书拟通过构建郑州市开放度指标对其开放驱动力进行测算，并具体分析郑州市在开放驱动力作用下的经济发展水平。

国外学者对经济开放度的研究较早，通常采用道拉斯法（Dollars，1992）、萨克斯－瓦诺法（Sachs，Warner，1995）等测算对外贸易开放度；采用利率平价法（Haque，Nadeem，Peter Montiel，1990）等方法测算资本开放度。国内研究基本是从 20 世纪末开始的。黄繁华（2001）从对外贸易开放度、国际投资开放度两个指标测算和分析了我国经济开放度。胡智和刘志雄（2005）设计了贸易开放度、实际关税率、对外金融比率、投资开放度和生产开放度等指标体系测算了我国经济开放度。林宏、陈汉康（2006）综合运用了外贸依存度指标等三种不同的方法讨论了浙江省经济开放度。何智恒（2008）基于货物贸易水平、利用外资水平和服务贸易水平三个维度构建了测度中部六省经济开放度的指标体系。陈迅、孙成东（2011）从国际开放度和省际开放度两个维度构建了省域经济综合开放度评价指标。申小林、张玉杰（2012）从静态平台和动态运动的角度建立了区域开放度的指标体系。

综上所述，国内外学者关于经济开放度指标的构建主要体现在对外贸易、资本的跨境流动、国际旅游、对外服务和生产开放五个领域。本书通过对国内外学者关于经济开放度指标研究成果的总结和甄选，并结合郑州市实际情况，选取外贸开放度（k_1）、投资开放度（k_2）、生产开放度（k_3）、国际旅游开放度（k_4）和对外服务开放度（k_5）5 个有代表性的开放度指标来测算郑州市的开放度，宏观上分析郑州市开放度情况以及通过构建开放度指标对郑州市开放驱动力进行测算，具体分析郑州市在开放驱动力作用下经济发展水平。

1. 贸易开放度（k_1）

贸易开放度即外贸依存度，指一国某年进出口总额占该国当年生产总值（GDP）的比重，用来反映一国或一地区参与国际分工的程度，以及区域通过国际贸易形势与世界经济相关联的程度。外贸依存度用公式表示为：

$$k_1 = (M + X)/GDP$$

其中，M 表示进口总额，X 表示出口总额，GDP 表示一国或地区的生产总值。需要指出的是，较高的外贸依存度说明一国或地区对国外市场的依赖程度高；而过低的外贸依存度则说明一国或地区与国外市场的融合度差。

2. 投资开放度（k_2）

该指标反映某区域在国际投资领域中通过资金的流出与世界经济关联的程度。它衡量的是一国或地区某年实际利用外商直接投资总额占该国国内生产总值（GDP）的比重。其表达公式为：

$$k_2 = FDI/GDP$$

其中，FDI 表示一国或地区实际利用对外直接投资总额。

3. 生产开放度（k_3）

从广义上讲，生产投入品或生产销售对国际市场的依赖程度，本国企业境外生产额占全部的生产总额比重都是反映生产国际化水平的指标。就生产开放度而言，用"三资"企业生产总值与工业总产值之比表示，反映国内生产力发展对资金、人力、管理及设备技术引进的依赖程度。

$$k_3 = \text{"三资"企业生产总值}/\text{工业总产值}$$

4. 国际旅游开放度（k_4）

对外旅游作为与世界进行文化、经济交流的重要手段，对一地区的经济发展和国际影响有着重要作用，是地区对外开放的一个方面，该指标同时是世界旅游协会衡量一国开放度的重要指标之一，该指标反映某区域涉外旅游领域的对外开放程度。用公式表示为：

$$k_4 = ITR/GDP$$

其中，ITR（International Tourism Receipts）表示某地区国际旅游外汇收入。

5. 对外服务开放度（k_5）

服务输出是一国或地区对外开放中的一个重要组成部分，对开放程度的影响日渐突出，考虑计算数据的可得性并避免与对外贸易的内容重复，本书用对外承包工程、劳务合作和设计咨询三项经济收入总额进行描述，公式为：

$$k_5 = \text{对外承包合作和咨询收入}/GDP$$

上述五个指标分别从不同侧面考察了一个国家或地区的开放度，各个侧面之间既相互独立又相互关联，若单独用一个或其中几个指标考察一国或地区的开放度水平，显然不全面。本书将五个指标进行综合，并根据德尔菲法对这五个方面进行权重赋值，构建一国或地区的开放度（K）公式

3-1，对一国或地区的开放度水平进行全方位的反映。

$$K = \omega_1 k_1 + \omega_2 k_2 + \omega_3 k_3 + \omega_4 k_4 + \omega_5 k_5 = \sum_{i=1}^{5} \omega_1 k_1 \qquad (3-1)$$

其中，ω_i（$i = 1, 2, \cdots, 5$）为指标权重，采取德尔菲法进行确定。

（二）创新驱动与创新能力指数

创新驱动力与创新能力指数密切相关，二者之间同样呈现正相关关系。创新驱动力是一个地区或城市实现经济跨越式发展的强劲动力，主要通过创新突破技术、资源、能源和环境的制约，优化要素结构、升级产业结构，逐步实现经济发展方式转变，促使经济发展走上内生增长发展轨道。创新能力是衡量创新驱动城市经济发展程度的重要指标，创新能力越高，打破经济发展过程中资源、技术等瓶颈的能力就越强，经济发展后劲就越大，获取的经济发展创新效益就越多。

目前学术界并没有形成统一的创新能力概念，学者们大多是从国家、产业和企业的角度来理解创新能力。Furman、Porter、Stem（2002）认为，国家创新能力是一个国家长期形成具有创新性的技术流的能力。我国学者颜晓峰（2000）认为，国家创新能力是指基于国家创新体系，综合运用政府政策力量，优化配置各种创新资源，进行创新活动的能力。产业创新能力主要侧重于技术能力，汪方胜（2005）和史清琪（2000）在研究中都认为技术是产业发展的根本推动力。关于企业技术创新能力的概念国内外研究得比较多，Burgelman、Maidigue（1988）认为，企业创新能力是支撑企业实施技术创新战略的能力基础，它包括可利用的资源及配置能力、对行业发展的把握能力、对技术的吸收转化能力、战略管理能力。Elson（2000）认为创新能力是指企业为满足市场需求，运用创新资源开发新产品、新工艺形成的创新综合能力。

学者们对城市创新能力的研究起步较晚，Charles Landry（2000）在《创意城市：如何打造都市创意生活圈》中以都柏林（Dublin）、赫尔辛基（Helsinki）、柏林（Berlin）等城市为例，提出衡量城市创新能力七要素，主要包括：富有创意的人、意志与领导能力、人的多样性与智慧获取、开放的组织文化、对本地身份的正面认同感、城市空间与设施以及上网机会。卢小珠（2007）等提出衡量城市创新能力的三个指标：人才资源、物质基础、创新成果。查奇芬、王晞敏（2008）提出城市创新能力是城市将知识、技术等资源要素重新整合，创造出新知识和新技术，将其转化为生产力创造出新产品的能力，并从知识创新能力、技术创新能力、产业创新能力、制度创新能力、服务创新能力和创新环境六个方面对城市创新能力进行了评价。刘永久等（2010）从知识创造能力、知识流动能力、企业技术创新能力、创新产出四个显性创新能力和创新环境、创新投入两个潜在创新能力对城市创新能力进行综合评价。胡树华、杨洁（2010）从创新体系投入、创新主体、创新体系产出三个方面运用线性等值加权平均法与线性均方差加权平均法，对国内 14 个城市创新能力进行了实证分析。李兵等（2012）主要从创新资源、创新载体、创新环境和创新产出四个方面，运用灰色分析方法来评价城市创新能力。

基于国内外相关研究成果，并结合郑州市实际发展状况，本书从创新资源、创新投入和创新产出三个方面来衡量郑州市创新能力指数 I（Innovation）。

1. 创新资源指数（I1）

创新资源是用来衡量一个城市用以支持创新活动的外部信息、资源、服务平台等方面的能力。一般来说，城市创新资源越丰富，该城市的创新能力就越强。本书主要选取四项指标对创新资源进行衡量：

每万互联网使用人数（I11），是指在评价年度内每万人中使用互联网的数量，可以反映城市信息化水平的高低，互联网使用数量越多，说明城市未来创新能力就越强；

每万人移动电话使用人数（I12），是指在评价年度内每万人中使用移动电话的数量，可以反映信息技术对城市发展的影响力，数量越多，同样说明城市创新能力就越强；

每万人拥有图书馆藏书量（I13），是指在评价年度内每万人拥有图书馆藏书的数量，可以反映居民获取创新知识的水平，数量越多，说明城市创新活动的设施越完备，越能支持创新的开展；

每万人科技活动人员数（I14），是指在评价年度内每万人中科技活动人员的数量，可以直接反映城市进行科技活动的活跃程度，数量越大，人们进行科技活动的活跃程度越大、积极性越高，城市的创新能力越强。

2. 创新投入指数（I2）

创新投入是指创新活动过程中投入的人、财、物的数量和质量。一般来说，城市创新投入越大，该城市的创新能力就越高。本书主要选取五项指标进行衡量：

研究与发明（R&D）经费支出占地区生产总值比重（I21），是指在评价年度内一个城市用于研究与发明试验活动的全部实际支出占城市地区生产总值的比重，比重越高，说明一个城市的科技创新的资金投入能力越强；

教育经费支出占地区生产总值 GDP 比重（I22），是指在评价年度内一个城市用于教育活动的支出占城市地区生产总值的比重，可以反映城市对培养创新能力的重视程度，比重越高，说明城市创新投入能力越强，并且反映出城市未来创新能力越强；

人均 R&D 经费支出（I23），是指在评价年度内一个城市用于研究与试验发展活动的全部实际支出与城市总人口数量的比值，比值越大，说明城市创新投入能力越强；

每万就业人员中 R&D 人员数（I24），是指在评价年度内一个城市每万就业人口中从事研发工作人员的数量，数值越大，说明一个城市的科技创新的人才投入能力越强；

地方财政科技拨款占地方财政支出的比重（I25），是指在评价年度内一个地方用于开展科技活动的支出与地方财政支出总额的比值，比值越大，说明一个城市对科技活动的重视程度越高，城市创新能力越强。

3. 创新产出指数（I3）

创新产出是指通过创新活动所获得的创新效益，主要体现在开发的专利、新产品等上，最终表现在对经济增长的贡献上。城市创新产出越大，该城市的创新能力就越强。本书主要选取以下五项指标进行衡量：

每万研发人员科技论文数（I31），是指在评价年度内每万名科技研发人员在国内学术刊物上以书面形式发表的最初的科学研究成果，每万科技研发人员发表的国内论文数越多，说明城市创新产出能力越强；

每万就业人员专利申请量（I32），是指在评价年度内每万名就业人员申请的专利数量，数量越多，说明城市创新产出能力越强；

每万就业人员专利授权量（I33），是指在评价年度内每万名就业人员获得的经国内外专利行政部门授权且在有效期内的专利的数量；

高技术产业产值占地区生产总值比重（I34），是指在评价年度内一个城市高技术产业产值与地区生产总值的比重，比重越大，说明一个城市科技创新对产业结构优化的贡献越大；

技术市场成交合同额占地区生产总值比重（I35），是指在评价年度内一个城市技术市场成交合同总额占地区生产总值的比重，比重越大，说明一个城市技术市场活动收益越高。

本书提出的城市创新能力评价指标体系力求体现系统性、可操作性及引导性，在参考国内外对创新型城市评价指标体系研究的基础上，从创新资源、创新投入、创新产出三个方面出发，构建郑州市创新能力指数评价体系（见表3-1），该体系由3个一级指标，14个二级指标构成。根据各指标重要程度赋予其不同的权重，由于权重只具备相对的参考价值，所以在实际研究时赋予指标等权重并取用两步算术平均法进行二级指标的计算，在一定程度可以起到弱化二级指标的效果。

表3-1　　　　　　　　　郑州市创新能力指标评价体系

一级指标	二级指标	指标权重
城市创新能力指数		
创新资源指数	每万人互联网使用人数（I11）	1/12
	每万人移动电话使用人数（I12）	1/12
	每万人拥有图书馆藏书量（I13）	1/12
	每万人科技活动人员数（I14）	1/12
创新投入指数	R&D 经费支出占地区生产总值比重（I21）	1/15
	教育经费支出占地区生产总值比重（I22）	1/15
	人均 R&D 经费支出（I23）	1/15
	每万就业人员中 R&D 人员数（I24）	1/15
	地方财政科技拨款占地方财政支出的比重（I25）	1/15
创新产出指数	每万研发人员科技论文数（I31）	1/15
	每万就业人员三项专利申请量（I32）	1/15
	每万就业人员专利授权量（I33）	1/15
	高技术产业产值占地区生产总值比重（I34）	1/15
	技术市场成交合同额占地区生产总值比重（I35）	1/15

由于二级指标涉及内容较多，且量纲不统一，不能对二级指标进行简单的加总，研究中采用灰色关联度方法分别计算创新资源指数（I1）、创新投入指数（I2）、创新产出指数（I3）的值；用 λ_1 表示创新资源指数（I1）的权重，λ_2 表示创新资源指数（I2）的权重，λ_3 表示创新资源指数（I3）的权重，得出城市创新能力指数 I 的计算公式，见公式3-2。

$$I = \lambda_1 I_1 + \lambda_2 I_2 + \lambda_3 I_3 \tag{3-2}$$

二 郑州市开放创新双驱动战略定位分析

（一）郑州市开放度与创新能力的评价

1. 郑州市开放度评价

本书采用郑州市 2006 年至 2011 年对外贸易、实际利用外资、对外投资领域与外商投资企业工业产值等各项经济数据（见表 3-2），运用前文构建的郑州市开放度评价体系，对郑州市贸易开放度 k_1、投资开放度 k_2、生产开放度 k_3、国际旅游开放度 k_4 和服务开放度 k_5 以及郑州综合开放度 K 进了测算。根据同时期深圳市、上海市对外开放度的基本数据（见表 3-3、表 3-4）对深圳、上海的开放度进行计算，以便与郑州市的开放度指标进行对比分析。

表 3-2 　　　　　　　郑州市对外开放基本数据　　　　　单位：亿美元

指标＼年份	2006	2007	2008	2009	2010	2011
地区生产总值	318.44	394.39	477.83	524.73	640.89	779.15
工业生产总值	149.72	185.61	231.46	246.12	316.63	410.82
进口总额	6.80	9.90	13.20	14.00	17.00	63.60
出口总额	17.90	21.70	29.60	22.00	34.60	96.40
实际利用 FDI 总额	6.10	10.00	14.00	16.20	19.00	31.00
吸引外资总额	10.20	17.50	23.70	18.90	19.20	23.80
国际旅游外汇	0.88	0.75	1.10	1.20	1.30	1.50
对外经济合同总额	0.70	1.20	2.20	3.90	5.50	6.70

资料来源：历年《郑州市统计年鉴》、郑州市统计信息网、中国统计信息网。

表 3-3 　　　　　　　深圳市对外开放基本数据　　　　　单位：亿美元

指标＼年份	2006	2007	2008	2009	2010	2011
地区生产总值	922.03	1078.73	1234.99	1300.73	1519.63	1824.23
工业生产总值	459.49	514.16	580.95	569.86	671.39	829.28
进口总额	1012.90	1190.40	1202.35	1081.85	1425.66	1685.74
出口总额	1360.96	1684.93	1797.20	1619.78	2041.84	2455.25
实际利用 FDI 总额	32.69	36.62	40.30	41.60	42.97	45.99
吸引外资总额	52.64	85.72	72.83	35.58	56.52	76.33
国际旅游外汇	22.65	26.23	27.09	27.60	31.80	37.46
对外经济合同总额	43.19	52.15	73.69	73.90	93.58	97.00

资料来源：《深圳市统计年鉴》、深圳市统计信息网、中国统计信息网。

表3-4　　　　　　　　上海市对外开放基本数据　　　　　单位：亿美元

指标 ＼ 年份	2006	2007	2008	2009	2010	2011
地区生产总值	1644.11	1981.55	2231.48	2386.37	2722.52	3044.44
工业生产总值	725.64	817.49	884.48	857.83	1024.05	1146.77
进口总额	1139.16	1390.45	1527.88	1358.17	1880.85	3123.50
出口总额	1135.73	1439.28	1693.50	1419.14	1807.84	1250.80
实际利用FDI总额	71.07	79.20	100.84	105.38	111.21	126.01
吸引外资总额	145.74	148.69	171.12	133.01	153.07	201.03
国际旅游外汇	39.61	47.37	50.27	47.96	64.05	58.35
对外经济合同总额	47.02	50.24	55.96	73.41	75.42	59.41

资料来源：历年《上海市统计年鉴》、上海市统计信息网、中国统计信息网。

运用前文构建的开放度评价指标体系，对郑州市、深圳市和上海市的对外开放基本数据进行评价测算，得出三地的开放度，如表3-5所示。同时根据各地开放度的测算结果，绘制了不同开放度指标下各地开放度的对比分析图（如图3-2所示）。本书尝试通过图表和数据结合的方式，以数据为基础，以图表为工具，利用图表直观易懂的优势对郑州市开放度进行全面的分析。

表3-5　　　　　　　　郑州、深圳、上海开放度测算结果

指标	年份	郑州	深圳	上海	指标	年份	郑州	深圳	上海
k_1	2006	0.0776	2.5746	1.3837	k_4	2006	0.0028	0.0246	0.0241
	2007	0.0801	2.6655	1.4280		2007	0.0019	0.0243	0.0239
	2008	0.0896	2.4288	1.4436		2008	0.0023	0.0219	0.0225
	2009	0.0686	2.0770	1.1638		2009	0.0023	0.0212	0.0201
	2010	0.0805	2.2818	1.3549		2010	0.0020	0.0209	0.0235
	2011	0.2054	2.2700	1.4368		2011	0.0019	0.0205	0.0192
k_2	2006	0.0192	0.0354	0.0979	k_5	2006	0.0022	0.0468	0.0286
	2007	0.0254	0.0339	0.0969		2007	0.0030	0.0483	0.0254
	2008	0.0293	0.0326	0.1140		2008	0.0046	0.0597	0.0251
	2009	0.0309	0.0320	0.1228		2009	0.0074	0.0568	0.0308
	2010	0.0296	0.0283	0.1086		2010	0.0086	0.0616	0.0277
	2011	0.0398	0.0252	0.1099		2011	0.0086	0.0532	0.0195
k_3	2006	0.0320	0.1146	0.2008	k_6	2006	0.0338	0.8046	0.4759
	2007	0.0444	0.1667	0.1819		2007	0.0379	0.8367	0.4866
	2008	0.0496	0.1254	0.1935		2008	0.0429	0.7619	0.4982
	2009	0.0360	0.0624	0.1551		2009	0.0361	0.6494	0.4137
	2010	0.0300	0.0842	0.1495		2010	0.0387	0.7122	0.4657
	2011	0.0305	0.0920	0.1753		2011	0.0797	0.7074	0.4919

（1）郑州市贸易开放度 k_1。图 3 - 2 显示了郑州、深圳、上海的贸易开放度，郑州市贸易开放度近几年来处于较低的水平，但一直保持稳步增长。这一方面表明郑州市进出口贸易经济在"十一五"规划期间取得了一定的成果，达到了一定的规模，进出口贸易在郑州市国民经济发展中占有越来越重要的地位；另一方面表明郑州市经济的外贸开放程度需要进一步加大，充分利用中原经济区建设带来的机遇，加强与世界经济的合作和联系。

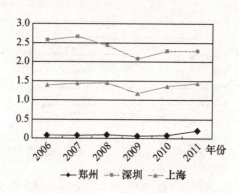

图 3 - 2　郑州、深圳、上海贸易开放度 k_1

（2）郑州市投资开放度 k_2。鉴于郑州市对外间接投资等方面数据不完备，以及郑州市对外投资数据规模较小，我们这里采取郑州市实际利用的外商直接投资（FDI）数额与郑州市 GDP 的比值来反映郑州市投资开放度。从图 3 - 3 可以看出，郑州市投资开放度与深圳相比相差不大，但和上海市的投资开放水平相比还有一定距离。在 2008 年金融危机的影响下，依然取得了一定幅度的增长，这表明郑州市在吸引外商投资（FDI）方面形成了一定的优势，这与"中原经济区"纳入国家"十二五规划"不无关系，未来几年郑州市在吸引外商投资方面将保持较快的增速。

（3）郑州市生产开放度 k_3。从图 3 - 4 可以看出，郑州市生产开放度一直处于较低的水平，并且近几年内一直没有实现增长。究其原因，郑州市"三资企业"无论从数量还是从规模上讲，都无法与上海、深圳相提并论，实现地区生产总值自然较少；同时，从图 3 - 4 中还可以发现深圳市从 2007 年开始，生产开放度急剧下滑，一方面受 2008 年金融危机影响，一部分外资企业或合资企业撤资；另一方面，随着东部发达地区劳动力等成本的不断上升，一些外资或合资企业纷纷转移阵地，向中西部地区转移，以实现降低成本保持利润增长的目的。这对于像郑州这样的中西部城市来说，是难得的机遇，相对低廉的劳动力成本会吸引一部分三资企业进驻，同时带来更多的外商投资，有利于加快中西部城市的产业升级。郑州具有独特的地理优势，交通发达，物流通畅，富士康等企业的进驻也表明郑州正迎来快速发展的阶段，未来在生产开放度方面将会有较大的提升。

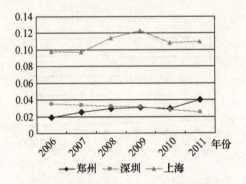

图 3-3　郑州、深圳、上海投资开放度 k_2

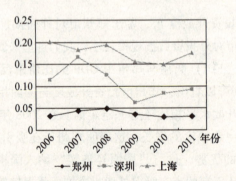

图 3-4　郑州、深圳、上海生产开放度 k_3

（4）郑州市国际旅游开放度 k_4。从图 3-5 可以看出，郑州市国际旅游开放度从 2009 年到 2011 年存在小步下滑的趋势，距离深圳和上海的差距较大。其中的原因来源于各个方面，有管理方面的问题，也有客观条件的限制。在管理方面，一方面由于郑州尚未形成城市旅游的名片，对外知名度不足；另一方面，郑州对旅游业疏于监管，导致旅游服务质量和景区环境质量的不断下降，2011 年 5A 级景区嵩山少林景区被要求限期整改，面临"摘牌危机"，为郑州市旅游业的发展敲响了警钟。但郑州作为中国历史文化名城、中国八大古都之一、中国优秀旅游城市、国家园林城市、国家卫生城市，在国际旅游方面，还有很大的提升空间。近些年来，随着郑东新区 CBD 商业中心的建设与使用，也将进一步提升郑州市吸引入境游客的能力。

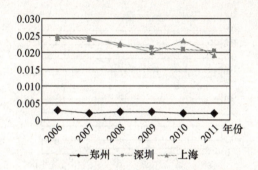

图 3-5 郑州、深圳、上海国际旅游开放度 k_4

（5）郑州市服务开放度 k_5。郑州服务开放度较深圳、上海相比一直处于较低的水平，从图 3-6 中可以得到印证。郑州市开放度从 2007 年到 2011 年一直处于稳步增长状态，但距离深圳、上海等发达城市还有很大的差距。但随着产业中心的转移和中原经济区的建设，郑州市在对外承包工程、劳务合作和设计咨询方面取得了长足的进步。

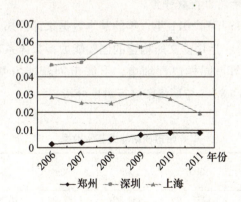

图 3-6 郑州、深圳、上海服务开放度 k_5

（6）郑州市综合开放度评价 k。以上从开放度评价的五个分指标的测评结果出发，从外贸、投资、生产、国际旅游和服务五个方面对郑州市开放现状分别进行了分析，发现在各个方面，郑州都具有很大的提升空间。图3-7是郑州市综合开放度的测算结果，从图中可以看出，郑州市开放度水平虽不及深圳与上海，但一直保持着稳步增长的趋势。这表明，郑州市已形成开放型经济发展的基本条件，对外开放已经形成了推动郑州市经济发展的驱动力。

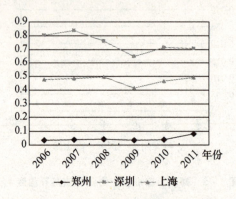

图3-7 郑州、深圳、上海综合开放度 k

在实际计算的过程中，参考其他学者对指标权重的研究和郑州市、深圳市、上海市的实际情况，确定各个指标的权重为：$\omega_1 = 0.35$，$\omega_2 = 0.35$，$\omega_3 = 0.1$，$\omega_4 = 0.1$，$\omega_5 = 0.1$。在对各地的开放度计算的过程中，均采用统一的指标权重系数。

2. 郑州市创新能力指数评价

本书采用2006年到2011年六年的基本数据来评价郑州市创新能力的指标（见表3-6），运用前文所构建的创新能力指数体系对郑州市的创新能力指数进行测算。同样以深圳市、上海市创新能力基本数据为参照（见表3-7、表3-8），与郑州市进行对比分析。

表3-6 郑州市创新能力基本数据

年份 指标	2006	2007	2008	2009	2010	2011
I11	1021.54	1277.19	1459.92	1787.00	1673.02	1945.35
I12	6697.78	7747.01	8701.86	9860.66	9105.65	10480.98

续表

年份 指标	2006	2007	2008	2009	2010	2011
I13	1615.35	1903.21	2877.89	2978.33	2805.68	3093.60
I14	64.08	68.35	73.77	84.05	85.20	93.65
I21	1.09%	1.15%	1.11%	1.49%	1.42%	1.47%
I22	1.21%	1.71%	1.72%	2.05%	1.67%	1.87%
I23	303.74	387.85	449.70	596.06	660.20	784.46
I24	41.66	51.41	52.29	57.22	55.21	52.75
I25	0.17%	1.71%	1.56%	1.56%	2.23%	2.28%
I31	2805.21	2997.96	35046.2	3634.6	3581.98	3677.07
I32	8.27	13.18	14.09	14.59	17.05	21.38
I33	3.76	5.56	9.59	8.29	11.93	11.94
I34	3.33%	3.30%	3.76%	4.85%	4.70%	7.43%
I35	1.03%	1.14%	1.12%	1.26%	1.06%	1.02%

资料来源：根据郑州市统计信息网、历年《郑州市统计年鉴》整理。

表 3-7 深圳市创新能力基本数据

年份 指标	2006	2007	2008	2009	2010	2011
I11	6995.1	7832.56	6142.57	6505.94	6888.45	7203.53
I12	11764.49	1288.75	9959.97	109628.8	10428.06	11163.56
I13	44312.84	45355.87	33858.91	34317.19	30065.13	30020.02
I14	146.7	165.28	122.22	176.44	147.44	145.95
I21	2.51%	2.56%	2.64%	2.84%	2.85%	2.96%
I22	2.28%	2.36%	2.38%	2.33%	2.47%	2.75%
I23	1891.97	2230.1	1918.49	2203.59	2127.03	2419.64
I24	86.05	81.42	92.57	121.84	126.09	125.77
I25	5.20%	5.10%	4.60%	7.20%	6.10%	6.89%
I31	8900.79	8746.16	8245.13	6783.07	6516.32	6321.14
I32	40.65	46.08	50.13	57.02	66.89	71.1
I33	18.75	23.92	23.26	32	45.28	42.51
I34	43.32%	46.72%	44.11%	37.32%	41.24%	44.26%
I35	3.34%	3.60%	3.55%	3.29%	3.11%	2.87%

资料来源：根据深圳市统计信息网、历年《深圳市统计年鉴》整理得出。

表3-8　　　　　　　　　　　上海市创新能力基本数据

年份 指标	2006	2007	2008	2009	2010	2011
I11	2750.97	2197.44	2343.67	2777.96	2524.62	2679.64
I12	17650.6	21403.28	21235.59	21400.76	19391.77	22099.09
I13	12753.21	14221.23	15913.69	16778.61	22163.55	23806.29
I14	145.63	152.39	176.48	209.61	189.56	203.93
I21	3.36%	3.28%	3.34%	3.62%	3.51%	3.59%
I22	1.49%	1.54%	1.32%	1.43%	1.31%	1.68%
I23	2254.76	2575.24	2969.68	3327.54	3222.919	3941.09
I24	112.23	135.97	149.58	178.63	202.57	231.49
I25	6.32%	6.86%	6.15%	7.91%	9.21%	9.32%
I31	2098.96	2424.15	2694.35	2891.92	2851.9	2797.18
I32	45.91	54.62	54.07	61.05	66.62	83.03
I33	17.75	23.72	28.05	37.39	47.11	51.45
I34	22.89%	25.63%	28.94%	32.91%	38.94%	35.90%
I35	0.69%	0.76%	0.81%	0.91%	0.86%	0.95%

资料来源：根据上海市统计信息网、历年《上海市统计年鉴》整理得出。

在对各个城市进行创新能力评价分析的过程中，对一级指标的指数：创新资源指数 I1、创新投入指数 I2、创新产出指数 I3 的确定采用灰色关联度分析方法。灰色关联度分析是灰色系统分析的重要组成部分，是衡量系统中各因素密切程度的一种方法，优点是可以通过对样本进行相对精简的数学处理并能使用样本所提供的全部信息，而且可以通过改变其分辨系数从而提高创新型城市评价结果的区分效度。

在计算的过程中，首先选取指标值中最优的一组作为参考序列，然后计算郑州、深圳、上海的数据序列与最优序列的灰色综合关联度，以灰色综合关联度的值估计不同城市的创新资源指数 I1、创新投入指数 I2 和创新产出指数 I3；在此基础上，运用公式 3-2 对二级指标进行加权求和，得出每个城市的综合创新能力指数 I。

计算步骤：

第一步，选取参考序列 $S0$，本书中的参考序列即理想中的最优序列。参考序列 $S0$ 是作为创新型城市综合评价标准的一个相对理想化样本，其元素的选择决定于第 i 项指标的类型。当第 i 项指标为正向指标时，$S0i$ 为第 i 项指标中的最大值；当第 i 项指标为逆向指标时，$S0i$ 对应为第 i 项指标中的最小值；如果是适度指标，则应选择适度值作为 $S0$。

第二步，运用灰色关联度分析中的灰色综合关联度分析的方法，分别分析郑州市、深圳市、上海市的数据序列 Si 与 $S0$ 最优序列的灰色综合关联度 ρ_{0i}，以 ρ_{0i} 的值估计指标 Ii 的大小。

$$\rho_{0i} = \theta\varepsilon_{0i} + (1-\theta)\gamma_{0i}$$

其中 ε_{0i} 表示序列 $S0$ 与 $S0i$ 之间的绝对灰色关联度，γ_{0i} 表示序列 $S0$ 与 $S0i$ 之间的相对灰色关联度，θ 为分辨系数。

第三步，根据计算公式 3-2：$I = \lambda_1 I_1 + \lambda_2 I_2 + \lambda_3 I_3$，计算得出城市创新能力指数值。

据表 3-6、表 3-7、表 3-8 中的数据，可计算出郑州、深圳和上海的创新能力指数如表 3-9 所示，示意图如图 3-8、图 3-9、图 3-10 与图 3-11 所示。

表 3-9　　　　郑州、深圳、上海创新能力指数测算结果

年份	地区	创新资源指数 I1	创新投入指数 I2	创新产出指数 I3	综合指数 I
2006	郑州市	0.5973	0.5893	0.7700	0.6522
	深圳市	0.6710	0.7946	0.7633	0.7430
	上海市	0.6560	0.7895	0.8133	0.7529
2007	郑州市	0.5904	0.6094	0.7712	0.6570
	深圳市	0.7558	0.8417	0.7654	0.7876
	上海市	0.6058	0.8343	0.8121	0.7507
2008	郑州市	0.5984	0.6279	0.7728	0.6664
	深圳市	0.7529	0.8895	0.7674	0.8033
	上海市	0.6294	0.7857	0.8084	0.7412
2009	郑州市	0.5887	0.6344	0.7758	0.6663
	深圳市	0.7233	0.9201	0.7686	0.8040
	上海市	0.9567	0.8169	0.7977	0.8571
2010	郑州市	0.5866	0.6525	0.7753	0.6715
	深圳市	0.7688	0.9169	0.7679	0.8179
	上海市	0.5977	0.8065	0.7955	0.7332
2011	郑州市	0.5864	0.6786	0.7795	0.6815
	深圳市	0.7856	0.9979	0.7669	0.8501
	上海市	0.5952	0.8390	0.7940	0.7427

（1）郑州市创新资源指数分析。由图 3 - 8 可知，郑州市的城市创新资源指数与深圳市有很大的差距，从 2006 年至今，创新资源指数都保持在相对较低的水平，没有实现较大幅度的增长。这表明郑州市在创新资源建设方面还很薄弱，政府没有给予足够的重视。在未来的发展过程中，政府应加大创新资源的资金投入，加速对创新体系的完善，规范"产学研"联盟的制度和体系；同时，要加快完善高新技术产业园区的建设，促成创新资源的共享，为郑州市开展技术创新活动提供强有力的基础资源支持，为郑州市发展创新型城市打好根基。

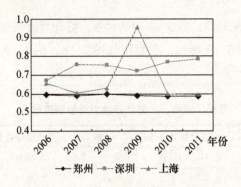

图 3 - 8　郑州、深圳、上海创新资源指数

（2）郑州市创新投入指数分析。改革开放以来，我国经济快速发展，郑州市的经济发展水平一直落后于深圳市和上海市，在创新投入方面也是如此。从图 3 - 9 可以看出，郑州市的创新投入指数与深圳市和上海市相比差距较大，处于相对较低的水平。但是从 2006 年以来郑州市的创新投入指数实现了稳步增长，这主要归因于政府的重视，尤其是在建设中原经济区以来，郑州市抓住时机，紧跟经济形势发展不断加大城市创新人、财、物资源的投入。

（3）郑州市创新产出指数分析。从图 3 - 10 来看，郑州市创新产出指数还是保持在相对较高的水平，与深圳市差别不大，近几年来还超过了深圳市的产出水平，表明郑州市在创新产出方面具有较高的效率。但是与上海市相比，还有较大的提升空间，在接下来的发展过程中，仍需要加强资源的优化配置，提高投入产出比，只有这样才能达到更高的产出水平。

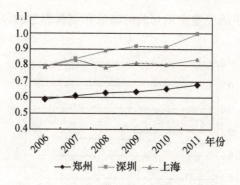

图 3 - 9 郑州、深圳、上海创新投入指数

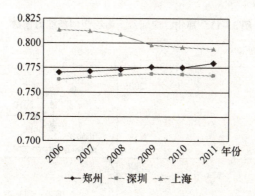

图 3 - 10 郑州、深圳、创新产出指数

（4）郑州市创新指数分析。综上所述，郑州市创新能力在创新资源、创新投入、创新产出方面都有所表现，但都还有一定的上升空间。从图 3 - 11 中可以看出，郑州市综合创新能力指数从 2006 年到 2011 年都处于较低的水平，与深圳市、上海市相比，还有很大的距离。但从发展趋势上来看，自 2009 年以来创新能力呈增长的态势，在中原经济区战略的背景下，郑州的创新能力将会不断提升，并因此而促成郑州市产业的升级。

（二）郑州市开放创新双驱动战略定位

根据表 3 - 5 中郑州市、深圳市、上海市的开放度测算结果和表 3 - 9 中郑州市、深圳市、上海市的创新能力指数测算结果，运用 Excel 软件生成散点图如图 3 - 12，图中水平方向代表城市创新能力指数 I，垂直方向代表城市开放度 K；表示某城市在某年的创新能力指数和开放度综合水平；点在坐标系中的位置表示开放的高低和创新能力的强弱。

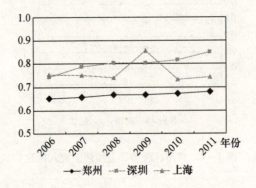

图 3-11　郑州、深圳、上海综合创新能力指数

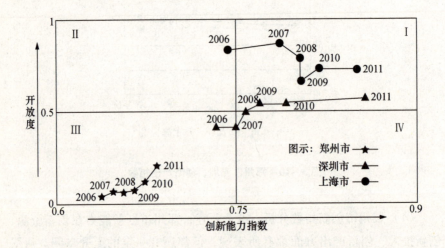

图 3-12　郑州、深圳、上海开放度和创新能力指数变化图（2006—2011）

　　为便于分析，根据开放度和创新能力指数的取值范围不同，采用两分法将开放度和创新能力指数分别划分为两个段位水平，开放度处于0—0.5之间我们称之为开放度低，处于0.5—1.0之间我们称之为开放度高；创新能力指数处于0.6—0.75之间我们称之为创新能力弱，处于0.75—0.9之间我们称之为创新能力强。

　　经过上述处理，图3-12实际上转化为一个四象限矩阵，矩阵的第Ⅰ象限表示开放度高并且创新能力强，第Ⅱ象限表示开放度高但创新能力弱，第Ⅲ象限表示开放度低并且创新能力弱，第Ⅳ象限表示开放度低但创新能力强。目前，郑州市正处于第Ⅲ象限的位置，即郑州市目前的发展正处于开放度和创新能力指数相对较低的阶段，但从发展趋势来看，郑州市的开放度和创新能力指数有所上升；总体上看，深圳市三年的开放度相比郑州和上海，均处于开放度最高的位置，表明深圳市的开放度处于较高的水平；上海市的创新能力指数已经处于最高的位置，从发展趋势上看，2006年到2011年上海市在开放度方面还在不断攀升，上海市不仅是自主创新能力较强的城市，同时也是国内开放度较高的城市之一。

根据开放创新双驱动的概念和开放创新四象限矩阵模型，我们可以确定推动城市发展的四种战略类型（图3-12 开放创新双驱动战略分类模型），战略类型一——高水平的开放创新双驱动战略；战略类型二——开放为主的开放创新双驱动战略；战略类型三——低水平的开放创新双驱动战略；战略类型四——创新为主的开放创新双驱动战略。

综上分析，虽然郑州市2006年到2011年的开放创新水平均位于第Ⅲ象限，即郑州市相比其他两个城市开放度低、创新能力弱。从发展战略分析，根据开放创新双驱动战略的分类，郑州市目前正处于低水平的开放创新双驱动战略；但从发展趋势分析，图3-12显示，郑州市从2009年到2011年无论是开放度还是创新能力指数均处于稳步提升的状态，郑州市在第Ⅲ象限中的位置也将越来越高。

（三）郑州市开放创新双驱动战略路径选择

根据开放创新矩阵模型，结合不同城市的实际发展道路，总结归纳出城市开放创新双驱动战略三条可行的发展路径，如图3-13所示。

1. 路径1：开放主导模式

从战略上来看：开放主导模式需要经历三个战略发展阶段：低水平的开放创新双驱动战略发展阶段——开放主导型开放创新双驱动战略发展阶段——高水平的开放创新双驱动战略发展阶段。也就说，在城市发展的初级阶段，主要靠提高开放度水平来引领城市的发展，开放度到达一定的水平之后以开放促进创新，实现较强的开放驱动力和创新驱动力。

深圳市的发展道路是典型的开放主导型模式。1979年深圳设市；1980年深圳经济特区正式诞生；1988年成为国家副省级计划单列城市；2008年成为国家创新型城市试点；2009年成为国家综合配套改革试验区。

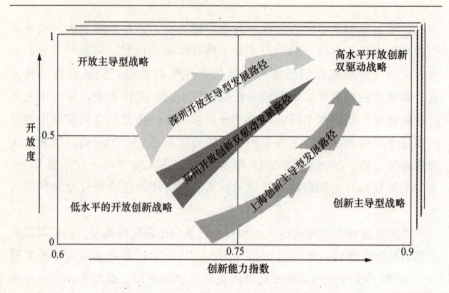

图 3 - 13 开放创新双驱动战略路径选择示意图

深圳建立经济特区 30 多年来，经济社会快速发展，创造了世界工业化、城市化、现代化的罕见奇迹，从贫穷落后的小县城迅速发展成为"我国南部综合经济实力、技术创新能力、国际竞争力最强的现代化大都市"。

总结深圳发展的历程，从最初的建立现代产业体系开始，产业结构发生了深刻变化，高新技术产业和现代服务业聚集效应日显；到形成完善的开放性经济体系，坚持扩大对外开放和外向型经济发展战略，发挥毗邻香港的区位优势，积极利用国内国际两个市场、两种资源，积极吸收和利用外商投资，引进先进的技术和管理经验，扩大出口，开展国际合作和交流，逐步建立起适应外向型经济发展的经济运行机制，发展成为中国对外开放的重要窗口；最后走出一条新的自主创新之路，初步建立起以市场为导向，以产业化为目的，以企业为主体，官、产、学、研、资、介紧密结合的比较完整的区域创新体系，自主创新成为拉动增长的动力源。在该过程中，深圳经历了从"深圳加工"、"深圳制造"到"深圳创造"的积极转变，逐步形成了一大批具有国际竞争力自主创新企业群，如通信产业群、计算机产业群、集成电路产业群、软件产业群等以电子信息产品为主导的高新技术产业群。目前，深圳高新技术产品产值超过全市工业总产值的 70%，其中自主知识产权产品产值又超过全部高新技术产品产值的 60%，在全国处于领先地位。深圳市自主创新能力的不断提升带动了高新技术产业的发展和经济增长方式的转变，据统计，深圳市每平方公里GDP产出和高新园区的每平方公里 GDP 产出均居国内城市首位。今后，深圳市将减少对资源的依赖和追求高速度，把高新技术产业作为全市第一支柱产业，强调依靠科技创新降低资源消耗，提高单位产出，强调从"低产田"、"中产田"到"高产田"的转变。

2. 路径2：创新主导模式

从战略上来看：创新主导模式需要经历三个战略发展阶段：低水平的开放创新双驱动战略发展阶段——创新主导型开放创新双驱动战略发展阶段——高水平的开放创新双驱动战略发展阶段。也就说，在城市发展的初级阶段，以自主创新为城市发展的主要驱动力，当自主创新达到一定的水平时，以创新促进开放，最终以创新和开放共同驱动城市的发展。

上海市的发展道路是典型的创新主导模式。上海市在发展过程中，面对重大的历史性机遇和严峻的挑战，采取一系列应对之策，一一化解改革、开放和发展过程中出现的难题，极大地推进了现代化建设，成为创新主导模式的代表。这一模式的主要特征包括：

（1）高起点、赶超型、跨越式的发展。20 世纪 90 年代，上海市在"三大趋势"和"双重转轨"的背景下，始终以"一个龙头、三个中心"为目标，采取了高起点、赶超型、跨越式的发展模式。坚持"三、二、一"的产业发展方针，"高技术含量、高附加值、高市场占有率"的现代工业发展路线，并将其定位成国际性金融、贸易、航运、信息中心，同步建设国际经济和文化中心，协调城市经济与生态环境的共同发展。

（2）强有力的政府指导和规划功能。中国的渐进式改革首先是一种政府推动的过程，且存在一个重要特点，即当地方政府的创新能力和作用程度处于中间阶层时，在很大程度上决定了该地的改革和发展绩效。通过借鉴以往国际性大城市的发展经验，中国城市发展需要在不断引入世界先进技术和先进思想的同时，不断加强政府与科研机构的合作，为上海的改革、开放和发展提供强有力的支持。

（3）高度规范、高度开放的市场体系。通过该市场体系，上海市一方面克服发展中巨大的物资、资本和人才"瓶颈"，汲取了大量发展资源，另一方面，不断克服体制"瓶颈"，建设国际化中心城市，强化了对内对外的辐射功能，实现了产业结构的战略性转变。

（4）改革、开放、发展各个层面的充分协调性。上海市建设国际性经济中心城市，需要改革、发展、稳定等各层面之间保持协调，展现了上海跨世纪发展目标的内在规定性和政府的创新能力和领导艺术。

3. 路径3：跨越式发展模式

从战略上看，跨越式发展模式只需要经历两个战略发展阶段：即从低水平的开放创新双驱动战略发展阶段直接跨越到高水平的开放创新双驱动战略发展阶段。也就说，在城市发展的初级阶段，以较低水平的创新型开放、开放式创新以及二者的协同驱动作为城市发展的主要驱动力，以创新促进开放，以开放促创新，最终通过高水平的创新型开放、开放式创新以及二者的协同作用驱动城市的发展。

跨越式发展模式是郑州市建设创新型城市、区域性中心城市、承接产业转移和实现中原经济区战略核心增长区的必然选择。要走好这条开放创新双驱动的跨越式发展道路，郑州市需要做到：

（1）在开放中高起点创新。郑州市需要集聚科技创新资源，培育战略性新兴产业，推动郑州市产业结构调整和升级。坚持开放驱动，就是对外要"请进来"，要结合郑州市产业结构调整的需要，通过招商、选商、育商，培育战略新兴产业，推动产业结构调整；对内要"走出去"，根据郑州市优势产业优化升级的要求，通过政策、资金和人才倾斜，支持优势产业扩大规模、提升质量，促进产业优化升级。

（2）在创新中高起点开放。开放创新相融互动，壮大创新型产业，促进郑州市传统优势产业向高端提升。抓好科技创新密集区建设，促进郑州市优势产业发展，构建区域创新带动区域发展，核心区域带动城市发展的特色发展模式。传统产业不等于夕阳产业，关键要用高新技术和先进适用技术去改造提升。经过近年来的探索，初步形成了几种模式：自主创新模式；高层次引进模式；"高位嫁接"模式；产学研深度合作模式等。

（3）开放创新共同驱动。在郑州市经济社会发展过程中，同时发展开放和创新两个方面，使开放和创新相互促进，共同驱动城市的发展。促进郑州市从低水平的开放创新双驱动到高水平的开放创新双驱动。

三　郑州市开放创新双驱动战略实施的评价指标

为全面落实郑州市开放创新双驱动发展战略，充分发挥郑州市在中原经济区建设过程中的带头作用，郑州市只有充分保证开放驱动力和创新驱动力在经济发展过程中的核心作用，才能实现郑州市经济跨越式发展的目的，完成郑州市国民经济发展总体目标。因此，郑州市开放创新双驱动战略的实施要围绕开放驱动、创新驱动以及社会经济总体发展进行衡量。在开放度方面，利用对外贸易、利用外资、外经合作、国际旅游四个指标进行度量；在创新能力方面，利用创新资源、创新投入、创新产出三个指标进行度量。在借鉴上海市和深圳市社会经济发展经验的基础上，结合郑州市实际情况，我们构建郑州市开放创新双驱动战略实施的评价指标体系（如表3-10所示）。

表3-10 郑州市开放创新双驱动战略实施的评价指标

指标名称	2011年实际值	近期目标（2012—2015）		中期目标（2016—2020）	
		目标值	年均增长率(%)	目标值	年均增长率(%)
开放水平	0.080	0.49	57	0.88	16
其中：贸易开放度	0.205	1.25	56	2.18	15
投资开放度	0.398	0.10	26	0.20	19
生产开放度	0.031	0.18	57	0.40	22
国际旅游开放度	0.002	0.01	51	0.03	32
对外服务开放度	0.009	0.02	23	0.04	19
创新能力	0.68	0.81	4	0.83	3
其中：创新资源指数	0.59	0.73	5	0.75	4
创新投入指数	0.68	0.81	4	0.82	3
创新产出指数	0.78	0.89	3	0.92	2

资料来源：作者根据深圳和上海开放度和创新能力指数相关数据计算。

根据前文对郑州市开放度和创新能力指数的测算结果，无论在开放度上还是在创新度上，与深圳市和上海市相比都处于较低水平，但一直都保持稳步增长的趋势。要实现郑州市跨越式发展的目的，必须加速提升开放水平和创新能力，实现开放型经济和创新型经济同步跨越发展。郑州市的开放创新双驱动战略的阶段性目标示意图如3-14所示（图中箭头表示发展趋势，圆点表示阶段性目标）。

（一）近期目标（2011—2015）

郑州市的经济发展达到如图3-14中所示的中等水平，开放度达到大约0.49的水平，创新能力指数达到大约0.81的中等水平，实现由低水平的开放创新双驱动到中等水平开放创新双驱动的过渡。

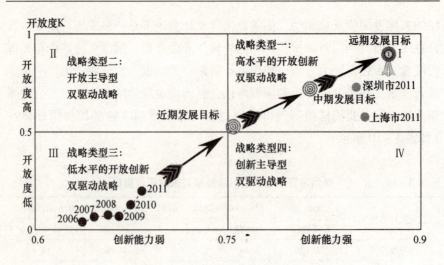

图 3 - 14　郑州市开放创新双驱动战略的阶段性目标定位示意图

1. 开放度方面

从 2012 年到 2015 年，郑州市整体开放水平要保持年均约 57% 的增长率，力争在 2015 年使开放水平达到 0.49，约相当于上海市 2011 年的开放水平。其中，贸易开放度、生产开放度和国际旅游开放度都需要较大的提升，年均需要保持 50% 以上的增长率，投资开放度和对外服务开放度则需要稳中有增，年均增长率保持在 20% 以上。

2. 创新能力方面

目前郑州市的创新能力综合指数和上海、深圳差距并不明显，因此，未来政府只需要稳定创新资源的投入，提高创新投入产出效率，实现创新能力以年均 4% 左右的增速即可。

（二）中期目标（2016—2020）

郑州市的经济发展达到如图 3 - 13 中所示的中上等水平，开放度达到大约 0.88 的水平，创新能力指数达到大约 0.92 的水平，实现由中等水平的开放创新双驱动到中高水平开放创新双驱动的转变。

1. 开放度方面

从 2016 年到 2020 年，郑州市整体开放水平要保持年均约 9% 的增长率，力争在 2020 年使开放水平达到 0.88。其中，投资开放度、国际旅游开放度和对外服务开放度都需要较大的提升，年均需要保持 20% 以上的增长率，贸易开放度和生产开放度则需要稳中有增，年均增长率保持在

15%以上。

2. 创新能力方面

到 2015 年，郑州市的创新能力综合指数和上海、深圳差距进一步缩小，因此，郑州市只需要稳定创新资源的投入，提高创新投入产出效率，实现创新能力以年均 3% 左右的增速即可。

（三）远期发展目标

通过 10 年左右的发展，郑州市在 2020 年之后，进入高水平开放创新双驱动战略阶段，城市开放水平和创新能力都达到很高的水平，对外开放的形式和内容十分丰富，自主创新能力提高到一个新的台阶，经济国际化程度和国际竞争力显著增强，在国际分工与竞争中具有一定的地位和影响，能够很好地利用两种市场、两种资源，创新型经济和开放型经济相互融合，社会经济实现跨越式发展。真正成为国家创新型城市和区域创新中心、全国重要的中心城市、全国最佳环境宜居城市和全国历史文化名城。

第四章　支撑与延伸：郑州开放创新双驱动战略的实施体系

郑州市实施开放创新双驱动战略，要紧紧围绕"两区两城"的目标定位，构建两个带动、三个环节、四个关键的战略实施体系，即以郑州航空港经济综合实验区和未来科技城为先行探索区，抓住扩大开放水平、提升创新能力和发挥开放创新协同作用三个环节，突出新型城镇化引领、产业体系构建、社会管理创新、体制机制创新四个关键问题，全面推进开放创新双驱动战略实施。

第一节　实施两个带动

以郑州航空港经济综合实验区和未来科技城为先行探索区，在引资引技引智、重大项目建设、创新能力提升、产业规划布局、社会管理创新、城市建设改造等方面先行先试和大胆创新，带动和推进开放创新双驱动战略的实施。

一　郑州航空港经济综合实验区

郑州航空港经济综合实验区建设，必须顺应经济全球化和国际产业分工规律，立足加快转变发展方式和国家民航发展战略需要，紧紧围绕中原经济区建设的战略定位和主要任务，进一步理清思路、找准定位、明确目标，精心谋划，稳步推进实施。

（一）总体思路

按照"建设大枢纽、培育大产业、塑造大都市"的总体要求和科学布局、集约节约、生态环保的原则，以郑州航空港区为主体，以综合保税区和关联产业园区为载体，以综合交通枢纽为依托，以发展航空货运为突破口，着力加强政策支持，深化改革创新，积极承接国内外产业转移，大力发展航空物流、航空偏好型高端制造业和现代服务业，不断拓展航空经济产业链，推动产业结构升级和发展方式转变，力争到 2020 年基本建成全国重要的航空经济集聚区，成为中西部地区对外开放的新高地和中原经济区的核心增长极。

（二）战略定位

一是依托航空枢纽建设，集聚附加值高、科技含量高、外向度高的先进制造业和现代服务业，探索走出一条产业转型发展新路子，建成全国重要的高端制造业和现代服务业高地。二是通过集聚高端人流、物流、资金流和信息流，在更大范围、更高层次参与国际分工，建成内陆具有生机和活力的开放新高地。三是大力开辟国际货运航线，有限发展国际航空货运，依托便利的现代综合交通运输体系，建成国际航空货运集散中心。四是培育以航空经济为引领的现代产业集群，形成中原经济区的核心增长极。

（三）空间布局

以郑州机场为核心，以新郑综合保税区、航空港区及周边区域为重点，规划建设航空物流园区、高新技术产业园区、商务服务区和生态功能区，加强与周边其他区域的产业和功能对接，形成集约高效、功能完善的发展区域。

（四）重点任务

一是加快建设以郑州航空枢纽为核心的现代综合交通运输体系。坚持货运有优先，着力增强郑州机场国际货运枢纽功能，巩固提升郑州公路、铁路枢纽地位，完善综合交通网络，发展多式联运，提高集疏能力，实现货运无缝衔接和客运零距离换乘。二是大力推进相关产业集聚发展。面向国内外知名企业，引进航空制造维修、电子信息、精密机械、生物医药等产业，强化研发、设计、制造、贸易、展示等功能，建设产业链条完整、集聚辐射力强的高端制造业和现代服务业基地。三是优先发展航空物流。大力开辟国际航线，加快配套基础设施建设，支持航空货运现代企业发展，加快建设全球网购商品集散分拨中心，着力提升服务水平和效率。四是创新体制机制。支持在行政管理、外经外贸、土地管理、投融资体制等关键领域和重点环节先行先试，加快市场化改革步伐，不断优化发展环境，增创体制机制新优势。重点在事关航空经济发展全局的航权航线、海关监管、口岸建设、财税金融、人才引进、产业发展等方面给予专门政策扶持。五是建设现代航空都市。科学规划、合理布局，高标准建设基础设施，强化城市公共服务功能，引领带动郑汴新区建设，提升郑州城市功能和综合实力，打造生态、智慧、和谐宜居的现代航空都市。

（五）产业建设

郑州航空港经济综合实验区以产业为基础，以项目为支撑，积极培育三大产业，做好三大建设，努力实现三大目标，做强产业。

（1）集聚三大产业，谋求临空起飞。郑州航空港经济综合实验区积极谋划和推进三大主导产业，即电子信息、生物医药、航空服务业。一是以富士康项目及其配套产业为重点，吸引电子制造、光电与半导体、精密机械、高端物流服务等上千家技工贸企业入驻，建成中部重要的电子信息产业基地。二是通过招商引资，逐步建成集研发、孵化、生产、物流、销售为一体的生物医药全产业链，到着力建设郑州国家高技术生物医药自主创新基地。三是依托郑州机场，大力提升航空服务业发展层次，逐步壮大以航空运输、航空维修等为代表的航空服务业，加密欧洲货运航线，推进美国航线开通。

（2）攻坚三大建设，带动产城融合。郑州航空港经济综合实验区努力实施新型城市化建设、主导产业打造、现代服务业提升"三大攻坚"。坚持"产城融合"发展思路，承担和发展重大功能性项目和产业项目，带动人口聚集，不断壮大新城产业支撑；积极探索城市管理新模式，加强新城设施维护和市容市貌管理，提高城市管理水平，提升新城总体形象。

（3）实现三大目标，彰显引领优势。郑州航空港经济综合实验区力争在最短的时间内，建成河南省第一个单厂超千亿企业；建成全球最大的手机生产基地；建成中部最大的电子产品出口基地，彰显开放创新双驱动战略的引领优势。

二 未来科技城

要提升规划方案，制定优惠政策，吸引国内外著名高校和科研机构在郑建立独立研究院所，加快引进世界500强、国内500强和中央企业在郑设立高端研发机构。高规格建设一大批专利服务、市场交易和科技孵化基地，打造科技创新公共服务平台，建立科技成果和专利交易所；构建由企业、大学、科研机构等构成的联合开发、优势互补、利益共享、风险共担的产业技术创新联盟。建成聚焦国内外高层次创新人才来郑创新创业的战略高地、全球区域性科技创新中心、高新技术产业基地。以未来科技城为核心，建设辐射开封、洛阳、许昌、新乡等地的全国自主创新实验区和协同创新示范区。

（一）科学论证，准确定位未来科技城发展方向

未来科技城的整体规划突出体现低碳生态、智慧高端、宜业宜居、产城融合的特征。其中，低碳生态指产业发展和城市建设走低能耗、低污染、低排放的绿色发展道路，打造"森林中的城市、城市中的森林"。智慧高端指一座具有高端企业、产业、人才和技术的智慧新城，使生活、生命和生产和谐相融。宜业宜居指适合创业、居住和旅游的最佳区域。产城融合指具有创新活力，产业与城市协调发展的新型城市。

未来科技城按照"一心两轴四区"进行规划布局。"一心"指现代服务业发展中心，"两轴"指东西向产业发展联动轴和南北向城市发展联动轴，"四区"指四个功能片区，分别为总部经济区、国家知识产权创意产业园区、国际软件园区和文化旅游区（同时在四个功能片区配套建设高档住宅）。

（二）合村并城，为未来科技城提供发展空间

积极推进合村并城，为未来科技城的发展提供充足的空间。因此，金水区编制合村并城规划，启动了周庄、新庄、贺庄等合村并城安置项目，力争在最短的时间内完成区域内所有村庄改造任务，同时同步推进改造改制，完善公共服务设施和社会保障体系建设，解决好拆迁居民的养老、医疗和就业等社会保障，改善区域内居民生活条件。

（三）招商引资，为未来科技城注入发展动力

不断完善招商引资优惠政策和重大项目准入审批机制，围绕科技服务业、电子信息业等主导产业发展，加大招商引资力度，建立招商网站，创新招商思路，突出招商重点，明确主攻目标，以新城内现有的土地资源、现有厂房和楼宇加快招商，积极引进一批世界500强、国内500强和央企等行业领军企业入驻，增强核心竞争力与品牌吸引力。

同时，加快建设投融资平台，实现对杨金建投公司的增资扩股，增加建投公司资本金。加快杨金综合科技信息服务网建设，建立杨金外包产业园数据服务平台、外包基地IDC应用及网络资源，为中小企业创业、发展提供切实有效的信息服务。集中精力引进一批有助于推动产业结构优化升级和对全区经济发展具有引领带动作用的潜力股项目，着力抓服务、搞协调、重落实，以未来科技城的快速发展拉动全区经济快速增长。

第二节　抓好三个环节

实施开放创新双驱动战略必须凝心聚力，将有限的资源和力量用在扩大开放水平、提升创新能力和发挥开放创新协同作用三个中心环节上，统筹协调、全力推进。

一　扩大开放水平

郑州实施开放创新双驱动战略的第一个关键环节是扩大开放水平，鼓励发达国家或地区在郑设立使领馆或临时代办机构，加快国际化步伐；积极与国内外发达城市缔结友好城市，开展更广泛的国际交流与合作。紧抓全球产业布局调整与重构、国内产业梯次转移的重大机遇，实行三次产业招商全发力，掀起新一轮开放招商的高潮。围绕具有国际影响力、国内辐射力、国内外资源整合力的"三力"项目，建立项目引进、落地和建设"三位一体"的工作机制。以国内外500强和主导行业前20强企业为重点，引进一批引领行业发展的大企业大集团。通过重大项目实施带动上下游项目跟进，逐步形成特色明显的产业群，提升产业层次。鼓励支持企业到海外建立或兼并研发机构，就地消化吸收国际先进技术，参与制定国际技术标准，提升对外开放水平和能力。

（一）设立领事馆或临时代办机构，加快国际化步伐

鼓励欧美等发达国家在郑州设立领事馆，促进发达国家在郑州的贸易和投资，实现贸易和投资的多样化；增进发达国家对郑州的了解，帮助郑州实现其地区一体化和全球一体化；扩大郑州的国际合作与交流，带动郑州旅游业的发展。

郑州地处内陆，一定要做好扩大开放这篇大文章，因此，要鼓励欧美等发达国家在郑州设立领事馆，发挥领事馆对外联系的平台，吸引更多的国际知名企业来郑投资兴业，引进侨资企业、海外人才，利用一切契机推进郑州大开放。

（二）缔结友好城市，扩大对外交流与合作

缔结友好城市有助于加大郑州与国际的交流合作，更好地参与国际竞争与合作；有利于提升郑州市城市形象，扩大国际影响力，是发展开放型经济的重要举措。

加强郑州市同友好城市所在的政府部门、国际或区域性组织、跨国公司的交流与合作，拓宽与友好城市的国际经贸交流与合作的渠道，确保双边企业的交流与合作。主动邀请友好城市政府及企业参加豫商大会、投洽会、交易会，并支持郑州市相关部门和企业与它们开展针对性的对接，加强双方的合作与交流。根据郑州市经济发展的需要，有计划有重点地在一些国家和地区的城市建立协调联络机构，如设立郑州市政府驻外办事处、联络处或招商机构等，促进双方的交流合作。

（三）引进高端研发机构，支持企业到海外建立或兼并研发机构

引进国际国内高端研发机构。制定实施高端研发机构集聚计划，瞄准世界500强和国内500强企业，吸引在郑州设立研发中心。鼓励和支持世界500强和国内500强企业参与国家、省、市重点科技项目，支持本地企业建立或兼并研发机构，以吸收和消化国内外先进技术。

支持大中型企业同国内外研究机构合作，以及吸收消化再创新技术，解决郑州市基础研究环节薄弱的问题。鼓励有比较优势的企业主动"走出去"，到发达国家和地区设立研发机构和实验室，通过并购或购买先进技术，以实现新产品的开发。

（四）实行产业链招商引资，形成产业集聚规模效应

产业链招商引资，就是根据郑州市产业优势，发展主导产业，延长产业链，明确产业定位，围绕产业的主导产品及其上下游产品来招商引资，使自身产业上的断层缝合、填空补缺、结构调整得以实现，是提升综合竞争力的一种高级招商引资模式。

对于郑州市而言，要按照"做强、做大、做优"原则，重点围绕汽车及装备制造、电子信息两大战略支撑产业，新材料、生物及医药两大战略性新兴产业发展，以及铝精深加工、现代食品制造和品牌服装制造三大传统优势产业进行产业链招商。例如，以宇通、少林、日产等龙头企业为核心，围绕汽车产业链，重点瞄准欧美著名汽车公司以及同步引进汽车零配件项目等进行招商，凸显主导产业链对郑州市经济社会的带动作用。

在确定把战略性新兴产业、战略支撑产业和传统优势产业作为郑州市产业链招商引资的产业载体后，郑州市要根据这些产业的发展潜力对其培育、扶持，或对其存在的缺陷进行完善，使产业结构具有系统性。具体建议如下：

1. 对产业或产业链中龙头企业进行培育与扶持

龙头企业能有效地通过产业链的纽带作用及其自身的示范作用来吸引

投资者投资，在郑州区域经济发展中起到重要作用。因此，郑州市要选择当地重点产业或特色产业中的龙头企业进行培育与扶持，这样能减轻培育与扶持的难度、降低风险，也更容易依靠龙头企业形成集群效应，发挥更大的招商引资带动作用，使产业链招商引资达到更好的效果。通常可以通过品牌培育、质量认证、销售支持、技改扩能、资金信贷等方式来培植与扶持龙头企业。

2. 要对重点产业链中小企业进行培育与扶持

为达到利用中小企业形成产业链进而促进招商引资目标，郑州市整体规划指导本地中小企业向块状经济转化，形成规模化的特色产业集聚区，不断完善、优化、产业链条，提升本地区产业竞争力。产业集聚能有效促进产业内分工与协作，可以提高中小企业的整体生产技术水平，降低生产交易成本。

因此，郑州市要根据已有的中小企业块状经济，按照其发展方向，识别出其发展中存在的潜力和缺陷，有目的、分步骤地对其进行完善，对于在中小企业块状经济中起关键作用但缺乏发展力度的企业给予政策上的扶持。郑州市还要通过提供信息收集或沟通平台等免费服务促进企业间的交流，解决企业间信息收集困难和沟通不畅的问题，利于产业链招商引资的信息传播及宣传。

3. 郑州市要对重点产业链中缺失环节进行扶持

对于郑州市的战略支撑产业、战略新兴产业和传统优势产业而言，要围绕产业链中的缺失环节进行招商，要对其部分环节进行一定程度的扶持、完善，做强、做大产业链。例如，实际操作过程中，郑州市根据确定的某一产业或产业链载体，找出其缺失环节，对于处于这些缺失或薄弱环节的企业给予一定的资金、政策扶持，或直接由政府出资进行投资，使其进一步完善，进而增强产业链招商引资吸引力。

4. 郑州市采取有效措施促进重点产业的产业链招商引资的实现

（1）郑州市要注重依托高新技术开发区、经开区、航空港经济综合实验区等载体作为产业链招商引资的平台，对分散的企业进行整合，完善其功能定位和产业链，便于投资者明确投资目标。

（2）利用区域内企业的核心产品吸引相关企业前来。比如利用宇通客车品牌及整车生产的产业链优势开展产业链招商引资，吸引与宇通汽车有多年合作关系的相关企业前来投资，带动相关产业的快速发展。

（3）以郑州市战略支撑产业、战略新兴产业和传统优势产业为纽带，承接东部地区产业转移。

（4）充分发挥郑州市汽车制造等特色产业及产业集聚优势，吸引相关龙头企业前来投资，带动产业链上下游延伸，促进产业的专业化、集中化、特色化发展，增强产业内部凝聚力，完善产业链条和产业体系结构，进一步凸显汽车产业等特色产业优势。

（五）利用传媒招商

传媒（报纸、杂志、广播、电视等）是信息传播速度最快、覆盖面最广的工具，通过传媒进行招商宣传，可以最快最广泛地提高知名度。因此，郑州市在招商引资过程中，可以借助各种媒体对本市的投资环境、投资政策、投资法规等进行大力宣传，提升招商引资的成效。例如，制作郑州市宣传片或宣传资料，并在主要媒体上进行推介。例如，借鉴深圳、上海、大连等沿海发达城市的做法，聘请专业媒体机构制作郑州市宣传片，并在中央电视台和河南省电视台播放；制作突出郑州特色的宣传材料，在《大河报》等传媒上刊登；也可以制作户外广告牌；还可以针对郑州市发生的热点事件，邀请各大报社撰写专题报道，提升城市影响，提升对企业投资的吸引力。

（六）利用会议和文体活动招商

针对不同行业需求，定期举办行业招商会、博览会、经贸洽谈和投资研讨会，或通过举办具有郑州特色的文体活动进行招商宣传，也是招商的重要途径之一。例如，郑州市近年来举行了家电招商会、中国（郑州）国际糖酒食品交易会、郑州国际汽车展览会、炎黄文化周、中原文化港澳行等一系列活动，并邀请到了国内外投资者和新闻媒体参加，提高了郑州市知名度，取得了相应的效果。

（七）借助中介招商引资

1. 借助使领馆招商

郑州市委、市政府可以借助中国在世界各地的使领馆，以使领馆为桥梁，开展招商引资。中国使领馆工作人员不仅相对了解所在地的政治、经济、社会和文化情况，并与当地政府、企业有着各种各样的联系。借助中国使领馆，郑州市委、市政府一方面可以获取境外企业的资料和投资需求，主动出击，与潜在的投资者建立联系；另一方面还可以提供招商宣传资料，向境外企业主动推荐。

2. 与商会联合进行招商引资

中国在世界各地成立有各种各样的华人商会，国内部分商会在国外也设有分会，郑州市市委、市政府可以与这些商会合作，联合进行招商引资。例如，当这些商会在国外举办商业活动时，派出招商小组，有针对性地与参加活动的国外企业进行洽谈，介绍郑州市的投资环境、投资需求，吸引外商投资。

（八）与跨国公司直接联系招商

以世界500强为代表的跨国公司是郑州市招商引资的主要对象，一方面，可以通过工商局登记的信息资料、网络信息、公司网页，与跨国公司在中国的分支机构直接联系；另一方面，以与跨国公司有合作的中国公司为中介，向跨国公司的相关部门推荐郑州市的投资环境、投资政策和投资需求，并在适当时机登门拜访，深入洽谈。

（九）孵化器招商引资

孵化器招商引资，就是以郑州市认定的科技企业孵化器为载体，吸引外部高新技术企业投资或入驻，并积极促进这些企业的科技成果向现实生产力转化。根据《郑州市科技企业孵化器认定管理办法》，郑州市每年都会认定一批科技企业孵化器，其中2014年认定了航空港综合区智能终端（手机）孵化器等19家，未来还会有更多的科技企业孵化器获得认定。利用孵化器招商引资，要注重以下问题：第一，注重孵化器的载体建设。孵化器招商引资是以孵化器为载体进行的，要想保证这一模式招商引资目的的实现，就要注重孵化器的建设。第二，要注重孵化器招商引资的对象选择，要针对科技企业孵化器的行业需求和科技发展方向、注重前来投资企业的科技含量或技术先进性、重点分析投资企业科技成果向现实生产力转化的空间。第三，要注重完善孵化器的功能与服务。第四，要注重发挥科技企业孵化器的融资功能。

（十）国内外招商引资的成功实践及经验借鉴

1. 苏州工业园区招商引资的成功经验

成立于1994年的苏州工业园是中国招商引资的成功典范，连续多年利用外资名列中国开发区第一，是我国首批新型工业化示范基地、首批生态工业示范园区和首批国家知识产权示范创建园区。2014年苏州工业园区实现地区生产总值2000亿元，其中，生物医药、纳米技术应用、云计算三大新兴产业分别实现产值283亿元、200亿元和192.8亿元，实际利用外资 19.6 亿美元、进出口总额 802.8 亿美元，园区高新技术产业产值、工业利税增幅远高于规模以上工业产值增幅，涌现出一批年销售额超过 10 亿美元的外商投资企业。其成功之处在于：①引入了市场机制，园区政府不直接参与招商引资，招商引资由园区引进的中新苏州工业园开发有限公司按照市场机制进行运营管理；②营造了良好招商引资环境，包括完善的基础设施建设、相对简化的行政审批制度、几乎绝迹的乱收费等；③明确的市场定位。

2. 日本大阪招商引资的成功经验

大阪是近年来日本招商引资比较成功的城市之一，其成功的经验在于：①积极改善投资环境，推进招商引资。大阪市积极推进经济结构改革并放宽限制，通过修改《商业法》和其他经济相关法律，放宽了通信、金融、医疗、大型商业等领域的投资限制。为外国投资者提供了良好的投资环境。目前，世界 500 强企业中有 16 家总部设在大阪。②对重点产业的投资给予鼓励政策，吸引了大量外商投资，促进了产业聚集。目前，在以大阪为中心形成的日本四大工业区之一———阪神工业地带，有约 30 个卫星城，产业以机器制造、化工、造船和石油化工为主，工业产值约占日本全国工业总产值的五分之一。③为外商投资企业提供"精细化"服务。例如，设立招商引资商务支援中心，为投资考察的企业提供办公设施等各种免费服务；制作精细化的招商引资手册；充分关注外国投资者的生活服务，提升国外投资者的生活舒适度。

3. 国内外招商引资的经验借鉴

（1）招商引资市场化，成立专门的招商公司（如苏州工业园开发公司），采用市场运作模式。

（2）以开发区为载体，进行产业链招商。不同开发区可以根据招商引资的需要，制定不同的优惠政策，吸引外商投资。

（3）对重点行业和重点领域吸引外资给予政策优惠。明确招商引资的重点产业，有的放矢，有重点地选择行业和领域发展。

（4）积极改善投资环境。如苏州市政府清理三乱（乱收费、乱罚款、乱摊派），提高向投资商让利的水平；大阪市积极推进经济结构改革并放宽限制，放宽了通信、金融、医疗、大型商业等领域的投资限制；新加坡的裕廊工业区向投资者提供已开发的土地和专门设计的工业厂房等。

（5）在国外建立引资服务中心。郑州市可以考虑在几个主要外资来源地设立引资机构，宣传郑州市的投资环境，帮助外商了解和完成相关手续，树立良好的政府形象，缩短项目审批时间，提高政府的办事效率，增加对外资的吸引力。

（6）提供"精细化"服务。大阪市设立了专门的投资促进机构——大阪投资促进中心，以良好的服务支持企业来大阪投资。具体措施包括：设立招商引资商务支援中心；制作精细化的招商手册；为投资考察提供多种免费服务；综合考虑外国投资者在医疗、子女教育、购物、饮食等方面的生活服务需求。

二 提升创新能力

根据郑州市创新能力的分析与评价，2006 年以来，郑州市在创新资源建设方面始终未取得较大的发展，与深圳市相比，尚存在非常大的差距；在创新投入方面，尽管郑州市在近几年对科技与创新的投入在逐年增加，但是这种对创新人、财、物资源的投入量还远远落后于国内的创新领先城市上海与深圳；在创新产出方面，郑州市的创新产出具有较高的效率，与深圳市同处于一个较高的水平，但与上海市尚有较大的差距；在综合创新能力方面，郑州市的综合创新能力处于一个中等偏下的水平，与深圳和上海有较大的距离。

因此，要提高创新能力，郑州市必须实施重大科技专项，突破重大科技瓶颈，推动高新技术产业集聚发展，培育一批千亿元级、百亿元级特色产业集群和基地，提高科技创新能力；以专利审查协作中心落户郑州为契机，实现专利申请量和授权量的大幅跃升；挖掘和利用国内外创新资源，集聚和高效配置创新要素，大力培育、建设研发中心，引进高端研发机构；营造鼓励科技创新研发的环境平台和科研成果转化的环境平台，以企业研发中心、研发机构产业基地和主导产业科研战略联盟为载体，构建产学研政相结合的自主创新体系。

（一）实施科技专项，引导重大科技创新

1. 推动和引导前沿科技创新

根据郑州科技发展方向和产业科技创新优势，明确重点支持领域，制定产业技术路线图，支持企业、高等院校、科研院所进行产学研合作，开展原始创新。

2. 支持产学研用协同创新

围绕郑州市重点产业创新发展需要，建立与国内知名高校和科研院所的战略合作关系，集聚创新要素，联合开展共性关键技术研究，形成开放合作协同创新的郑州自主创新工作新模式、新机制。支持和鼓励郑州市企业开展国际科技合作与交流，联合建立研究开发机构，联合培育科技创新人才。

3. 实施科技企业成长路线图助推行动计划

选择一定数量科技型企业进行重点培育，通过实施重大科技专项、创新平台建设、创新人才建设等创新主体培育计划和服务体系建设计划以及示范区建设计划的支持，提升其自主创新能力，加快重大科技成果的转化和产业化，促进初创型企业、种子型企业、成长型企业和龙头型企业依次递进发展，实现一定数量企业产业规模的增长，带动全市高新技术产业的发展壮大。完成高新技术产业产值和高新技术产业增加值翻番跨越目标。

（二）推进知识产权工作，提升专利授权量

以国家专利审查协作中心落户郑州为契机，以建设国家知识产权创意产业试点园区为载体，大力培育知识产权优势企业和优势区域。提高专利资助标准，扩大资助规模，促进知识产权的创造与运用，加强知识产权保护，提升综合服务能力，培育重点产业核心自主知识产权，实现全市专利申请量和专利授权量翻番跨越目标。精心打造知识产权城市名片，建设国家知识产权示范城市。具体包括：专利质量提升工程、知识产权产业化工程、知识产权优势培育工程、推进产业集聚区知识产权建设工程、知识产权保护工程、知识产权强县工程、知识产权公共信息平台建设工程、知识产权人才培育工程、知识产权宣传普及工程、国家级知识产权重点工程等。

（三）建设科技创新平台，推动科技成果转化

1. 加快建设产业公共研发平台

围绕郑州市战略支撑产业和战略性新兴产业，每年建设3个以上产业技术创新联盟、培育3个以上创新型产业集聚区、扶持50家创新型企业、实施5—10个重大科技专项。支持各县（市、区）围绕主导产业建设国家级、区域级技术检测、检验中心等，对建成国家级行业检测检验中心的，采取"一事一议"，给予重点扶持。

2. 加快以企业为主体的研发平台建设

加大对技术创新示范企业的扶持力度，对通过国家、省、市认定的技术创新示范企业，分别给予数额不等的奖励。积极推进国家、省、市企业

研发中心（企业技术中心、工程技术研究中心、重点实验室、工程实验室、院士工作站）建设。每年建设和提升100家各类研发中心、5个公共技术服务平台。对新认定的国家、省和市级企业技术中心（含工程技术中心、技术研发中心等）由市财政分别给予一次性资金补贴，同一级别不重复补贴。

3. 搭建产学研政用协同创新平台

近年来，郑州市政府在产学研平台建设中起到越来越重要的作用，已经把产学研政用平台的建设和发展，作为实现郑州市提升创新能力的重要举措，成为提升郑州都市区发展水平的重要动力。

加强郑州高等院校、院所、院企合作，注重与大学科技园的合作。具体可以有以下几个方面的合作方式：通过签订校（院）战略合作协议的高校、院所战略合作模式；依托国内重点高校、科研院所的技术人才优势，创建多功能的技术转移中心组装集成模式；围绕郑州市战略支撑产业、战略性新兴产业和传统优势产业建设产业技术创新战略联盟模式。

推进产学研政用协同创新，注重与大学科技园的合作。通过多种方式，利用国内外创新资源，构建政府引导、企业主体、金融支持、社会跟进的产学研政用相结合多元化投入体系。一是建立战略联盟，开展跨机构多项目协作，形成稳定的协同创新机制；二是明确政府和产学研用各方的风险分担和利益分配机制；三是注重与大学科技园的交流合作，在产学研政用协同创新过程中，鼓励学科国际化研究和跨学科研究，利用国际科研力量实现协同创新。

4. 加强产学研用合作基地建设，推进科技成果转化

充分利用国内外创新资源，每年与3家以上国内外高等院校或科研机构建立科技战略合作关系，建立10个产学研用合作基地，实施20个重大科技成果转化应用项目，建立1个国际科技合作基地。加大对驻郑央企、省企及科研院所研发支持力度，对其在郑的科技成果列入重大科技成果专项并给予重点支持。

（四）强化区域创新系统建设

1. 加快创新型城市建设

以创新型企业培育为点，以产业技术创新战略联盟建设为线，以创新型产业集聚区和创新型区域建设为面，加大培育、建设力度，形成点、线、面结合，协同推进的创新型城市建设工作格局。着力突破一大批共性

关键技术，培育一大批拥有自主知识产权、核心技术和持续创新能力的创新型企业；围绕战略支撑产业和战略性新兴产业的培育和发展，建立和完善技术创新链条和产业发展链条；建设一批创新能力强、产业优势突出、功能定位明晰、集聚效应明显、辐射带动有力的创新型产业集聚区和创新型区域。率先把国家郑州高新技术产业开发区、国家郑州经济技术开发区建成创新型区域，逐步把巩义市、上街区、航空港区、白沙园区建设成为富有自主创新能力和竞争力的创新型区域。

2. 实施自主创新体系建设工程

坚持内生与外源并重、自主与开放结合、持续与跨越统一的原则，着力构建和完善以企业为主体、市场为导向、产学研政相结合的技术创新体系，深化科技体制改革，促进科技与经济紧密结合，将其作为全面推进郑州区域创新体系建设的突破口，巩固、强化和提升企业创新主体地位，提高自主创新能力；加快构建科学研究和人才培育有机结合的知识创新体系。充分发挥高校的创新资源优势和潜力，支持高校、科研机构面向郑州市经济社会发展的战略需求开展研发活动；重点加强创新服务体系建设，以政府奖补、有偿使用、互惠互利为原则，建立科技信息资源、重大研发设备社会共享机制。以加快科技成果转移、扩散和转化为目标，加大政策培育和资金扶持力度，引导创新服务机构向市场化、专业化、规模化和规范化方向发展。力争在较短时期内，全市创新能力明显提升，成为中部崛起的重要创新中心，在全国 27 个省会城市和 35 个大中城市中进入第一方阵。

（五）加强科技创新人才队伍建设

1. 完善科技创新人才培养机制

（1）构建"学校—企业"培养平台。根据郑州市创新性经济发展的需要和企业科技创新的需求，构建学校—企业互利共赢人才培养平台、校企双方人员组成的专业指导委员会，根据产业发展实际，共同制定人才培养计划，实现人才"定标"培养、双向选择；建立校企创新实践基地，校企共建工作站、研发中心、实验室、创新工作室、教学工厂等。

（2）构建"政府主管部门—企业"培养平台。政府主管部门要为企业培养创新人才创设良好的政策制度服务环境、职业能力建设公共环境，建立和健全现代企业培训体系。

（3）构建"社会专业机构—企业"培养平台。鼓励社会专业机构参与创新人才培养工作，发挥社会中介组织、专业培训机构、企业服务机构的作用，建立"政府主导、企业自主、社会参与"的教育培训网络体系。

2. 创新人才使用机制

创新科技创新人才使用机制，激发科技创新人才活力，开发科技创新人才潜能，用活用好科技创新人才，是科技创新人才队伍建设的重要环节。首先，完善科技创新人才评价体系。建立以业绩为导向的人才评价机制，形成重效能、重量化的科学人才评价体系。在人才综合评价中，量化指标权重应不低于70%。其次，健全科技创新人才激励机制。建立多元化的分配激励机制。鼓励人才、技术要素参与分配，实行股权、期权激励，推行协议工资制、年薪制。最后，促进科技创新人才合理流动。优化配置，人岗相适，实现人才在各创新主体间的科学流动。鼓励以项目合作、聘请兼职、人才租赁、科技咨询等方式柔性引智。

3. 发挥科技创新人才的领军作用

近年来，郑州市通过相关政策引进和培养了一批科技创新人才，今后要更加注重发挥科技创新人才的领军作用，支持他们围绕新能源、新材料等亟待突破的关键产业技术，承担国家、省市重大科技项目，推进产业科技创新。

（六）推进创新创业

1. 推进"选种育苗"工程

支持高等院校建立创新创业学院，开展创新创业知识、方法培训，组织创新创业典型示范体验与在岗实训，举办创新创业大赛，遴选创新创业人才和项目。精简创新创业行政审批手续，提高公共服务效率，实行创新创业"一站式"服务。

2. 建设科技企业孵化器

按照"突出重点，市区联动，资源统筹，特色鲜明"的原则，构建种子遴选、创业辅导、研发保障、服务拓展的创新创业孵化体系，推动孵化器建设投资主体多样化，组织体系网络化，创业服务专业化，资源共享国际化，为初创期、种子期的科技型企业的孵化成长提供良好的创新创业环境、条件和支持。5年内，高规格建设一批科技企业孵化器，其中市级孵化器50家，升格为省级和国家级10家，孵化场地面积突破1000万平方米（含加速器）。

3. 强化公共财政支持引导

根据郑州市实际，建立创新创业信用担保体系，降低社会资金在创新创业领域的投资风险。加大对科技型中小企业的支持力度，择优配套支持国家创业投资引导基金和科技型中小企业科技创新基金项目。

4. 完善创新创业金融服务体系

完善知识产权质押贷款、融资租赁、创业风险投资等金融服务，开展科技保险试点。完善创新创业企业的多元化融资渠道，支持科技型企业在国内外资本市场融资。

（七）促进科技与金融结合

1. 建立和完善服务于科技创新的五层金融"平台"

一是在郑州市财政支持下，设立"种子基金"，每年以拿出一定比例的专项资金用于扶植中小型科技企业，为科技企业的科研开发注入活力。二是在时机成熟时，建立郑州市政府参股的股份制科技创新风险投资公司，为中小企业产业化提供风险投资。三是与四大国有银行联合，组建科技创投担保公司，为科技中小企业提供担保资金。四是引进国际知名的投资者俱乐部，为海内外投资机构、上市公司、社会闲散资金和创业园内急需资金的科技企业牵线搭桥，促进外部金融与本地科技创新的合作。五是积极帮企业和创业者申报各类科技项目，争取上级政府科技创新专项基金。

2. 培育创业投资机构

综合运用阶段参股、跟进投资、天使投资等方式，培育支持创业投资机构，充分发挥政府引导基金的作用，不断扩大引导基金的规模。围绕科技型企业成长路线图助推计划的实施，引导创投机构投资前移，加快培育科技型企业和高新技术企业，支撑高新技术产业发展。与国家部委支持的参股基金合作，鼓励创投机构投资不同发展阶段的科技型企业。引导基金的一部分用于参股设立创业投资基金，另一部分采取跟进投资、天使投资的方式与创业投资机构合作对科技型企业直接进行股权投资。搭建郑州科技创新大赛平台，通过组织竞赛评选的形式，挖掘、筛选出符合产业导向、技术领先、产业化前景好的优秀科技投资项目，进行天使投资，并实施增值服务，从而实现科技资金投入的股权化、市场化运营。创新大赛的具体业务可委托具有丰富天使投资经验和良好业绩积累的创业投资机构组织实施。

3. 推进科技银行建设

从国际经验看，以硅谷银行为代表的科技银行通过产品创新和商业模式创新，有效改善了科技贷款的风险收益结构，极大地促进了科技型中小企业的发展。2008 年之后，为应对全球金融危机，我国在科技银行建设方面开展了创新性的探索和尝试，2009 年 1 月成都设立全国首批两家科技银行，随后，杭州、武汉、深圳、无锡和苏州等地也先后成立了科技银行，缓解了中小科技企业融资难，成效显著。

为了发挥科技银行在资金和科技创新之间黏合作用，郑州市将积极推进科技银行建设。鼓励引导郑州银行、浦发银行等中小银行以高新区、金水区、郑东新区为试点在金融产品创新、金融服务方式上开展先行先试工作，并在原有支行的基础上，挂牌科技支行。针对科技型企业的特点、融资需求等为其融资开辟绿色通道；引导、鼓励金融机构适当下放信贷审批权限，单列贷款计划，开辟审批绿色通道，单设考核激励制度，吸收科技专家参与贷款项目的评审，建立符合科技型企业贷款特点的管理体系、核算体系、信审体系、风险评价体系、风险管控体系等。

4. 科技融资服务平台建设计划

第一，扶持科技型企业通过"区域集优"债务融资模式进行融资。依托地方政府主管部门（市金融办）和人民银行郑州中心支行，共同遴选符合条件的科技型企业，由中债公司联合商业银行、地方担保公司和中介机构为科技型企业量身定做债务融资方案，并提供全线金融增值服务。通过"区域绩优"债务融资模式全面开拓科技型企业直接债务融资局面，为郑州市科技型企业发展提供持续的资金资源。第二，从政策上支持科技型企业上市融资。积极开展郑州市科技型企业上市资源调查和分析，建立上市企业资源储备库，筛选有潜力的企业进行上市方案设计。加大对拟上市科技型企业的政策支持，对拟上市企业在高新技术企业认定、研发中心建设、科技项目立项、知识产权服务等方面给予重点支持，推动科技型企业上市融资。第三，成立郑州市科技金融服务中心，建设科技金融综合服务平台，包括科技企业信息平台、科技金融中介服务平台、政银企互动平台等，重点开展政策解读与咨询、宣传培训与服务、项目评价与推介、资产评估与评价、银企洽谈与对接以及科技创新大赛组织等工作。有效整合政府、金融机构、企业等部门的信息资源，实施动态更新，实现资源共享。依托人民银行信用体系基础数据库，建立科技企业信用数据库、项目数据库，为科技型企业的不同发展阶段提供全方位、立体化的科技金融服务。

三 发挥协同作用

郑州市实施开放创新双驱动战略关键一环还要着力发挥开放与创新协同的协同作用。

（一）深化开放创新协同思想

1. 确立开放创新协同理念

一方面，要进一步创新对外开放的理念，以科学发展观的新理念指导对外开放，树立适应经济全球化的开放理念——竞争观念，即主动适应和把握国际分工的新趋势，积极培育和大力引进知识性要素，逐步从利用国外资金为主转向利用知识性要素为主，提升郑州市在国际分工中的地位。另一方面，要进一步树立开放式的创新理念，尤其要树立大科技理念，努力调动各方面力量，形成支持科技创新的强大合力。创新理念要求人们处处、时时有创新意识、创新想法，形成全社会勇于创新的共识，不断提高在开放中促进创新，在创新中提升开放的能力，实现开放创新协同。

2. 深化开放创新理念的认识

认清时势，深化开放创新对于郑州市建设国际化都市区、实现经济社会跨越式发展的重要性、紧迫性的认识，进一步加深理解开放创新双驱动战略的内涵，提高对郑州市市委、市政府实行开放创新双驱动战略重大意义的认识，提升全体市民积极投身郑州创新型城市和国际化都市区建设，发展开放型经济和创新型经济的自觉性。

3. 宣传开放创新理念

加强开放创新理念宣扬，塑造和提升郑州市的开放创新精神，形成崇尚开放创新、支持大众创新、万众创业、宽容失败的开放创新文化。在全社会营造更加浓烈的以开放创新建设郑州都市区的氛围，动员社会各方力量，共同为郑州市开放创新双驱动战略的实施献计献策，共同参与郑州都市区建设。

（二）推进开放创新互动发展

1. 运用开放创新理念，优化市场环境

通过开放创新，进一步放开市场管制，打破条块分割、封锁和垄断，清理和废止分割、垄断市场、妨碍公平竞争的地方保护和行业垄断规定，鼓励、促进和保护企业公平竞争。

2. 运用开放创新理念，支持科技创新

以开放创新理念为引导，落实财税、金融、政府采购等科技创新政策。例如，落实科技创新的财税优惠政策，建立稳定的研发投入增长机制，集中用于共性、关键性和前沿性技术的研究开发。落实科技创新的金融扶持政策，大力发展科技创业服务体系、科技融资体系，加快发展创业风险投资，支持创新型企业上市，完善中小型科技企业的贷款担保体系等，为创新型企业提供良好的金融服务。

3. 运用开放创新理念，强化体制机制建设

在经济全球化时代，城市发展比以往任何时候更需要开放、更需要创新。对于郑州市而言，只有用开放的理念，才能创新体制、创新机制，只有通过体制创新、机制创新才能有真正意义上的开放，也才能为郑州市实现跨越式发展目标提供宽松的发展环境。事实上，无论是因地制宜、错位发展，合理分工、一体化发展；还是互利共赢、合作发展，后发先至、跨跃发展，这些通过开放创新形成的发展理念要落到实处，取得理想成效，都依赖于体制机制创新。郑州新区、郑州市经济技术开发区和郑州市高新技术产业开发区的发展，就是最好的例子。

4. 运用开放创新理念，组建开放创新执行机构

开放创新双驱动是一种战略，也是一项工作，为推动开放创新双驱动，就要构建执行机构作为开放创新管理的载体，负责统一协调郑州市开放创新工作，其职责在于宣传开放创新理念，制定、督促与检查开放创新规划、法规、政策的情况等。

5. 运用开放创新理念，营造社会开放、全民创新的互动环境

通过对开放创新理念的宣传和相关政策的落实运用，不断拓展市民的开放视野，提高公众的创新素养，形成社会开放、大众创新、万众创业的良好氛围。只有郑州市社会开放，才能把最优秀的资源集中到经济社会发展中来；只有大众创新、万众创业，才能建成创新型城市，从而为郑州市发展开放型经济和创新型经济提供良好的环境。

（三）强化对开放创新协同引导

深化开放创新辩证统一理念，实施双驱动战略，实现协同发展，还要积极发挥政府对开放创新的引导和推动作用。

1. 强化开放创新规划引导

按照郑州都市区建设要求，立足于以开放创新驱动郑州市跨越式发展

的战略要求，制定郑州市开放型经济和创新型经济的发展规划，这既是郑州经济发展的总体思路，又是郑州建设创新型城市的重要指导，更是实践开放创新双驱动战略的一个具体行动指南。规划在发展思路上、战略定位上、重点选择上、政策措施上都要充分体现开放创新精神，并且与郑州市的经济总量提升、经济结构调整、产业转型升级相结合，与郑州市"十二五"规划相结合。

2. 强化开放创新政策引导

根据郑州市开放创新双驱动战略要求，梳理现行政策，对政策执行情况进行分析，切实解决政策执行的难点。加大开放创新相关政策的宣传，鼓励企业用足、用好政策。注重发挥各项政策措施的组合效应，营造社会开放、大众创新、万众创业的政策环境和文化氛围，引导企业将更多资源投入到创新能力提升和科技研发上来。

3. 强化开放创新考评引导

把中原经济区、郑州都市区城市建设落到实处，切实转变经济发展方式，制定科学合理的评价考核体系，明确各级、各部门的目标任务，强化考核监督，确保开放创新双驱动战略按规划、有步骤地全面推进。

第三节　把握四个关键

实施开放创新双驱动战略必须以新型城镇化为引领、产业体系构建等关键领域为突破口，加大开放创新力度，为郑州经济社会发展注入强大动力。

一　新型城镇化引领

借鉴欧美等发达国家城镇化建设的先进经验，结合郑州实际，提升规划水平。以开放的精神谋发展，以创新的理念布大局，以新型城镇化为统领，推进交通道路建设、生态廊道建设、四类社区建设、新组团起步区建设、中心城区功能提升和产业集聚区建设，实现农村居住环境城市化、公共服务城市化、就业机构城市化和消费方式城市化，凸显新型城镇化引领作用。

（一）基本原则

以新型城镇化为引领，必须把握"三个关键"：一是坚持"一个主体"、"两个载体"的统筹城乡发展理念。"一个主体",即中心城市,要促进中心城区的现代化。"两个载体",即依托县城和镇区,依托原有产业布局和产业基础,规划建设产业集聚区和农民创业园,将其打造成农民就近就业和自主创业的载体,沿海发达地区和城市产业转移的载体,城市生产要素向农村流动的载体;把包括新型农村社区在内的各类新型社区打造成为实现城乡公共服务均等化的载体。二是要着力完成"四个合理"的工作任务,即合理的城镇体系、合理的人口分布、合理的产业布局和合理的就业结构。三是确保实现"四个城市化"的工作目标,就是实现全市农民的居住环境城市化、公共服务城市化、就业结构城市化和消费方式城市化。

以新型城镇化为引领,必须坚持七种理念:一是坚持抓基层、打基础、项目推动发展的理念,用项目搭建载体、抓好落实。二是坚持规划引领发展的理念,科学编制"三化"协调发展空间布局规划和各类专项规划。三是坚持以交通为先导的城镇开发理念,依据城镇综合交通规划和承载的交通、人口流量编制产业、人口和公共设施空间布局规划。四是坚持"运营城市"的理念,构建以政府为主导、市场为主体、企业和公众共同参与、社会化运作的多元化城市经营模式。五是坚持建设环境平台、促产业集聚发展的理念。六是坚持发展依靠群众、发展服务群众的理念,解决好群众关心的问题。七是强化开放创新双驱动的理念,解放思想,以开放促创新、以创新促发展。

以新型城镇化为引领,必须把握四条原则:一是确保耕地不减少,质量不降低,粮食不减产。二是从根本上维护农民的权益,不以农民放弃土地为身份转换、享受城市政策、城市公共服务的条件,让群众利益在新型城镇化推进中有保障、得实惠。三是坚持群众自愿,组织引导群众,以完善的规划、优美的环境、宽松的就业平台和优惠的安居政策,发挥好人民群众的主体作用。四是坚持"三化"协调发展,充分发挥新型城镇化的引领作用、新型工业化的主导作用、新型农业现代化的基础作用,统筹兼顾,协调并进。

(二)目标任务

力争用三到五年的时间,基本形成"域外枢纽、域内畅通"的道路交通体系,塑造畅通、整洁、有序的省会城市形象和生态宜居、繁华现代、畅通有序的城市形态。

基本形成"中心城区—县城组团—产业集聚区和重点镇—新型农村社区"四级配套的现代城镇体系，构建空间布局合理、功能分工有序、资源配置优化、公共服务均等、环境优美舒适的城乡统筹发展新格局。

基本形成以现代服务业和先进制造业为核心、以现代农业为基础的现代产业体系，打造全国重要的先进制造业基地和区域性现代商贸中心、物流中心、金融中心和创新中心。

基本形成山水融合、森林环抱、人与自然和谐共生的生态体系，构建"城在林中、林在城中、林水相依、林路相随"的生态功能区和连绵带。

基本形成城乡统筹、城乡一体、广覆盖、高标准的民生保障体系，让省会人民生活得更安全、更舒心、更有保障、更有尊严，努力建设自然之美、社会公正、城乡和谐的现代化都市区。

（三）重点工作

1. 加快道路交通一体化建设

围绕"域外枢纽、域内畅通"的目标，以郑州航空港经济综合实验区建设为统揽，整合提升航空、高铁、轻轨、地铁、高速公路等网络体系，建设全国综合交通枢纽。域外枢纽，就是要加快航空、铁路、公路枢纽建设，巩固提升全国综合交通枢纽地位。域内畅通，就是要重点推进"两环十五放射"、十条市域快速通道、十五个环城高速出入市口和"三横四纵"城市景观道路建设，以及连接县城（城市组团）和产业集聚区（镇区）乃至新型农村社区的路网建设。

2. 加快生态廊道建设

加快中心城区连接"六城十组团"的快速通道建设，打造生态廊道和水系景观；加快形成围绕道路建设、城市组团、产业集聚区布局的生态林业体系，围绕城市组团布局挖掘利用开发水系，形成涵盖水环境污染治理、大气污染治理的生态水系。在生态廊道建设过程中，要强化三点要求：一要深化认识，交通道路和生态廊道建设是推进郑州都市区建设、带动人流、物流、信息流、资金流互通的基础工程，是统筹城乡一体发展、改善城乡环境、推进公共设施向农村延伸、公共服务向农村覆盖的民生工程，是贯彻落实科学发展观、调整产业布局、推进产业升级、集约节约利用土地、走内涵式发展的重要举措。因此，郑州市各级部门要贯彻落实《国务院关于支持河南省加快建设中原经济区的指导意见》，提高认识，提高站位，主动作为，强力推进。二要攻坚克难，乘胜前进，着力实现各项工程建设效益最大化。要在讲究工作方法、确保群众利益的基础上，坚定不移地加快推进交通道路和生态廊道建设各项工作，扩大建设成果，努力实现效益最大化。要把交通道路和生态廊道建设与产业转型升级相结合，根据城市功能分区和产业定位，优化道路两侧产业布局，提升产业形态，为今后长远发展奠定基础。三要加强领导，创新举措，确保各项工作健康有序推进。各级各部门要切实加强领导，抓住有利时机，抓紧推进项目立项、审批、规划等各环节的工作。要进一步宣传、发动、组织群众，营造更加浓厚的舆论环境和社会氛围。要对照先进找差距，学习先进经验，探索创新工作方法，统筹推进新型城镇化建设的六个切入点工作，加快推进郑州都市区建设。

3. 加快县域村镇社区化建设

按照现代城市区的标准，加快推进县城组团和老城区纵横交错两条城市形态风貌景观道路的改造，加快次中心开发、中央商务区建设和新市镇的改造提升，增强城镇承载功能。坚持"产城融合、就业为本"的原则，依托城区、镇区和新型农村社区打造一批集聚效应明显、就业承载能力较强的产业集聚区和农民创业园。

城中村改造要把政府主导试点村改造作为着力点，强力推进老城区整街坊连片改造，打造精品特色街区。合村并城要坚持"典型引路、先抓试点、逐步推开"，凡属城市规划区、组团规划区、产业集聚区周边3公里以内的村庄，都要纳入合村并城范围。新型农村社区要积极稳妥地推进，为城市组团和产业集聚区发展拓展空间。全市域除需要保留的56个历史文化风貌特色村庄外，城区、镇区、产业集聚区规划区周围3公里以内的村全部纳入撤村并镇，3公里以外的撤村并点建设新型农村社区，没有建筑的地方是生态廊道、高标准农田和都市型农业生产区，把郑州都市建设成为一个自然之美、社会公正、城乡和谐的现代田园城市。

4. 加快中心城区现代化建设

（1）加快中心城区改造。以"一河十路"为带动，以"六旧九新"15个片区为重点，实行整街坊整片区改造和建设，优化产业层次和群众生活居住环境；加快推进主城区工业企业、批发市场、仓储企业和行政事业单位外迁，疏解主城区人口密度，带动外围组团发展；按照"政府主导安置、市场化运作开发建设"的原则，完成城中村改造、棚户区改造，塑造生态宜居、繁华现代、畅通有序的城市形态。

（2）提升中心城区功能。推进"六旧六新"的更新改造和建设，"六旧"，就是在中心城区和高新区改造提升六大片区：内环线区域，包括二七广场商业中心、商城遗址、火车站区域；东风路以南、中州大道以西、金水路以北、文化路以东区域；医学院—碧沙岗区域；西流湖区域；惠济会议休闲中心区域；高新区IT科技产业区。"六新"，就是在郑州新区建设六大片区：龙湖区域、郑东新区综合交通枢纽区域、龙子湖区域、白沙组团区域、航空港区域和经开区行政商贸服务区。

（3）完善中心城区公共服务。加快公共服务设施建设，规划建设行政中心、便民服务中心、文化教育休闲中心和健身中心，打造郑州市次中心。按照宜居宜业原则，以高于中心城区的标准建设外围城市组团，吸引中心城区的产业、人员外迁。

5. 加快城市组团起步区建设

各城市组团至少要建设3—5平方公里的起步区；加快公共服务设施建设，规划建设行政中心、便民服务中心、文化教育休闲中心和健身中心，打造郑州市次中心。按照宜居宜业原则，以高于中心城区的标准建设外围城市组团，吸引中心城区的产业、人员外迁。

6. 加快产业集聚区建设

提升产业集聚区档次，围绕郑州都市区建设，对全市产业集聚区进行分类排队，优化资源配置，力争更多园区升格为省级产业集聚区，积极申报国家级开发区。完善产业集聚区功能，将产业集聚区建设与合村并城、新型社区建设有机结合，同步规划、同步推进。推动主导产业集群发展，落实"突出一个特色、注重两个结合"的发展思路。"一个特色"，即主导产业占70%以上，其他30%用于引进高科技项目；"两个结合"，即结合新的城市组团建设、结合合村并城发展主导产业。每个卫星城、产业集聚区、城市组团原则上只确定一个主导产业，突出特色，壮大集群，形成具有一定竞争力和市场份额的产业链条，使每个层次都形成合理的产业布局。

二 现代产业体系构建

以改组、改制、改造优化企业组织结构、管理结构和产品结构，以集聚、集群、集约促进空间布局优化、资源集约利用、功能集合构建，加快构建可持续发展的现代产业体系。加快新型工业化发展步伐，着力打造六个千亿级产业基地和两个五千亿级产业基地。推进现代服务业提速发展，加快推进"一枢纽十中心"建设。大力发展都市农业、特色农业和生态农业，提高现代农业发展水平。

（一）工业化发展计划

1. 加快七大重点行业发展，构建"2+2+3"现代工业体系

优化升级产业结构，推动工业转型升级，按照"做强、做大、做优"原则，重点支持汽车及装备制造、电子信息两大战略支撑产业，新材料、生物及医药两大战略性新兴产业发展，做优铝精深加工、现代食品制造和品牌服装制造三大传统优势产业。

（1）做强战略支撑产业。通过引进和实施一批重大产业项目，带动相关配套产业发展，提高战略支撑产业对全市工业经济发展的支撑力。主要包括汽车及装备制造业、电子信息产业。

汽车及装备制造业。加快建设5000亿级的汽车及装备制造产业基地。汽车产业重点发展客车、轿车、皮卡车、新能源汽车等核心产品，形成以整车企业为龙头、零部件企业为配套的汽车产业集群。培育宇通、东风日产、郑州日产3个中国500强企业，支持宇通建设全球最大的世界级客车生产基地，支持郑州日产建设日产体系内全球轻型商用车基地。加大"十城千辆"节能与新能源汽车示范推广，加快新能源汽车产业化进程。建设在全国具有重要影响力的汽车制造基地、新能源汽车研发和生产基地、汽车后市场和商贸信息中心，成为国内一流的综合性汽车新城。巩固工程机械、煤矿机械、水工机械、纺织机械等产业优势，大力发展轨道交通设备、高效电力设备、节能环保设备等高端装备制造业，建设全国一流的现代装备制造业基地。

电子信息产业。围绕建设5000亿级的电子信息产业基地，整合完善行业产业链，加快发展新一代信息通信产品、光伏、新型显示、应用电子、信息家电和物联网设备等电子信息制造产业，构建以综合保税区和高新区为核心的高端电子产品制造和研发基地，支持富士康IT产业园建成全球最大的手机生产基地。支持旭飞光电建设平板显示基地。加快发展服务外包、软件培训、动漫游戏、数字内容及电信增值、物联网及云计算应用等软件和信息服务业，支持威科姆建成中国最大的IPTV用户群企业，支持中国联通和中国移动在郑建设中部最大的信息通信产业基地，支持华强电子建设中部最大的电子信息生产流通基地。

（2）做大战略性新兴产业。加大扶持力度，积极培育龙头骨干企业，逐步完善产业链条，实现战略性新兴产业规模化发展。

新材料产业。加快磨料磨具、超硬材料及制品、新型有色金属合金材料、新型耐火材料、新型节能环保材料等行业发展。依托郑州华晶金刚石、河南富耐克、郑州新亚等企业，重点发展高品质金刚石、立方氮化硼、复合超硬材料等产品，完善产业链条，建设磨料磨具基地，打造郑州"世界金刚石之都"，世界级超硬材料产业基地。依托中孚实业、河南明泰铝业、中铝郑州研究院、林肯电气合力（郑州）焊材有限公司等企业，重点发展航空、汽车用铝制品、铝基合金及复合材料、铝镁钛等轻金属合金、高档铝板带箔、电解铝惰性电极等，打造全国一流的绿色新材料研发及生产示范区。依托新密新型高端耐火材料基地，建设全国最大的新型高端耐材基地。

生物及医药产业。加快发展呼吸机、麻醉机、心电监护、心脏介入治疗器械等新兴医电设备制造业。进一步提高生物诊断试剂、抗生素原料药、现代中药、疫苗和血液制品等产品市场竞争力。以天津药业、润弘制药、安图绿科、康泰制药等企业为龙头，建设全国最大的水针剂生产基地、抗生素原料药生产基地和全国重要的诊断试剂生产基地。

（3）做优传统优势产业。通过"改组、改制、改造"，推进企业兼并重组，建立现代企业制度，提高产业集中度，加快铝工业、食品工业、纺织服装等传统产业改造升级，实现精深化、集群化、高端化、品牌化和链条式发展，形成产业竞争新优势。

铝精深加工业。加快传统铝工业向铝精深加工链条延伸，提高铝终端产品比重。发挥中孚实业、明泰铝业等龙头企业带动作用，加快巩义市千亿级铝精深加工基地建设。

现代食品制造业。进一步扩大传统主食产业化规模，做大做强速冻、方便面、面粉、粮油加工等行业；加快饮料果蔬加工、乳制品、农副产品加工等行业高端化发展，提高休闲、绿色、功能食品比重。以三全、思念等企业为主，建设全国最大的速冻食品生产基地；以金苑面业、白象集团等企业为主，建设全国重要的粮油生产基地；支持好想你枣业建设成为全国最大的枣加工企业。

品牌服装制造业。加快老纺织企业改造升级，培育服装知名品牌，加快纺织服装研发、设计和创意产业发展，提升高中档产品比重。支持锦艺轻纺城建设成全国重要的面辅料生产基地。支持娅丽达、领秀等服装企业上市。

2. 明确工业主导产业，调整优化工业布局

按照"集聚、集群、集约"原则，依托现有产业基础，按照每个县（市、区）工业主导产业不超过 2 个、每个产业集聚区明确 1 个工业主导产业的原则，对全市工业布局进行调整优化，构建布局集中、用地集约、产业集聚、主业突出、错位发展的产业新格局。

中心城区重点发展总部经济、研发中心以及软件和信息服务业。东部以经开区和中牟县为主，重点建设汽车城；西部以中原区、高新区、上街区、荥阳市、巩义市等为主，规划建设郑洛工业走廊郑州西部工业区，划分若干工业功能区，重点发展电子信息、铝精深加工业、新材料、新能源和装备制造业等。

明确县（市、区）工业主导产业定位。经开区重点发展汽车和装备制造业，高新区和航空港区重点发展电子信息产业。其他县（市、区）重点改造提升传统优势产业，同时加快培育一个与战略支撑产业配套的产业或战略性新兴产业，加快产业转型升级。其中：支持中牟县重点发展汽车及零部件产业；巩义市重点发展铝及铝精深加工业和新材料产业（高端新型耐材），重点支持铝及铝精深加工产业发展；新密市发展高端新型耐材产业和品牌服装制造业，重点支持新型高端耐材产业发展；登封市发展生物医药制造业和装备制造业，重点支持生物医药制造业发展；新郑市重点发展现代食品制造业和生物医药产业，重点支持现代食品制造业发展；荥阳市发展以超硬材料为主的新材料和装备制造业，重点支持新材料产业发展；上街区发展新材料（新型铝材）和装备制造业，重点支持新材料产业发展。

（二）现代服务业创新跨越发展计划

现代服务业是指那些不生产商品和货物的产业，主要有信息、物流、金融、会计、咨询、法律服务等行业。随着信息技术和知识经济的发展，逐步采用现代化的新技术、新业态和新服务方式改造传统服务业，创造消费需求，向社会提供高附加值、高层次、知识型的生产和生活服务。发展现代服务业是城市综合服务能力的体现，是推进郑州服务业创新跨越发展的必然选择。

1. 积极抓好现代服务业集聚区建设

积极贯彻落实《河南省人民政府关于促进中心商务功能区和特色商业服务区发展的指导意见》（豫政〔2012〕17 号）以及郑州市市委、市

政府《加快推进郑州市现代服务业集聚区建设的实施方案》（郑政文[2012] 151号）。推进服务业向集群、特色、现代方向转变，运用集聚式发展模式，加快培育发展现代服务业集聚区，助推郑州市服务业跨越式发展。

郑州市各县（市、区）明确分工，建设6类30个现代服务业集聚区。各县（市、区）、开发区应明确其四至边界、产业定位、功能分区、发展目标和建设时序等。各地中心城区"退二（第二产业）进三（第三产业）"中退出的土地用于发展服务业。

2. 加速发展现代物流业

以郑州国际物流中心建设统领全市现代物流业发展全局，重点做好无水港建设和发展国际物流，加快推进物流、产业、市场间联合，仓储、分拨、配送间联网，对外集输和对内集配联动，不断推动产业优化升级。重点在国际物流区、航空港物流区内规划建设一批大型医药、钢铁、汽车、家电、食品冷链等行业物流分拨中心，大力发展快件物流和保税物流，加快新加坡物流园建设。打造区域性物流信息枢纽和综合服务平台，支持物流企业构建跨区域物流网络，加快农村物流发展。积极引进优势物流企业，推进传统物流企业联合重组和改造提升，培育大型物流企业集团。鼓励工商企业物流业务外包，推动物流业与制造业联动发展，大力发展第三方、第四方物流。推动物流产业向价值链高端延伸。

3. 全面提升金融服务业

坚持政府引导与市场化推进相结合，以CBD金融商贸核心区建设为突破口，大力发展银行、证券、保险、信托、期货、基金等金融产业，进一步推动金融市场建设，保持金融总量的快速增长，提高金融效率，增强金融业的竞争力和辐射力。

完善金融机构体系。支持全国性商业银行在郑发展业务，积极引进国内外金融机构在郑设立区域总部和分支机构，支持其金融功能中心建设。加快郑州银行走出去步伐，建立覆盖中原经济区的分支体系。推进农信社战略重组，筹备成立中原农村商业银行。引导民间资本规范进入金融领域，积极推进农村金融产品和服务创新。

发展和利用资本市场。大力发展股票、期货、债券、产权市场，建设多层次的资本市场体系。加快上市企业培育，增加上市公司数量，提高上市公司素质，增强融资功能。增加郑州商品交易所期货品种，引进大型期货经纪公司进驻。全力支持郑州高新区进入代办股份转让系统试点，实现符合条件的园区非上市股份公司股份公开挂牌转让；活跃产权交易市场，规范建设国家区域性中小企业产权交易市场。支持经营效益好、偿债能力强的企业发行企业债券，拓宽融资渠道。

加快金融业改革开放。推动金融业机制创新、产品创新、技术创新，着力建立现代金融企业制度，培育金融产品服务品牌，加快金融信息服务普及化。扩大金融开放，促进金融企业由分散经营向协作经营转变。

建设金融商贸核心区。发挥郑州新区 CBD 载体作用，加快形成以金融产业为中心、期货和融资为配合、金融后台和各类中介为依托、金融生态环境和人才支持为保障的金融中心发展格局，着力构建国际期货交易中心、投资融资中心、结算中心、后台服务和中介中心。完善提升经三路金融产业一条街，大力发展证券、保险、基金等业务，积极发展群众有需要、经营有效益、风险有管控的新产品、新业务，加大政策支持力度，进一步整合资源，提升竞争力。

优化金融生态环境。综合运用法律、经济、舆论监督等手段，增强企业和个人的信用观念，加强惩戒查办力度，营造良好的信用环境。进一步强化金融监管，促进金融机构依法合规经营和健康发展。加快建立金融机构风险救助和市场退出机制，有效防范和控制金融风险。大力实施金融人才引进培育计划，积极培养、引进各类金融专业人才、监管人才和复合型人才，提高公共信息服务水平。

4. 稳步推进现代商贸业建设

按照"两核两副、一轴两带七区"的发展布局，推进中心城区商圈、城市商业综合体、特色商业街区、大型产品交易市场建设，加快华润万象城、万达、宝龙、恒隆广场等一批标志性重大项目建设，规划建设一批商贸新城。构建现代分销和批发体系，建设面向全国、连接海外的重要的集散、采购、代理、分销、配送、商业品牌营运中心和商业模式创新中心。应用现代经营理念和信息技术改造提升传统商贸业，积极发展连锁经营、仓储超市、网上商店、快递配送等新型业态。鼓励知名品牌和老字号商业、餐饮企业通过连锁方式快速扩张，培育一批年销售收入超百亿元的大型商贸流通企业集团和龙头企业，努力建设成区域性现代商贸中心。

5. 大力发展商务会展业

优化商务会展业发展环境。组织实施《关于加快会展业发展的若干意见》，制定出台《郑州市展会管理条例》，规范会展市场，扶持会展业发展。吸引国际知名商务会展公司进驻郑州或设立分支机构，扶持本土会展企业掌握和利用国际规则，带动形成一批有国际竞争力的商务会展企业。

坚持专业化、市场化、国际化、品牌化原则，加大政策扶持力度，拓展会展业发展的空间和规模，建设中国会展之都。完善国际商务会展核心功能区等会展场馆及配套设施，积极扶持和培育品牌展会。提升郑州博览会的水平，扩大郑州会展的国际影响力，打造具有郑州特色的国际会展品牌。

加快会展资源集聚，重点培育汽车、装备、电子、食品、服装等展会知名品牌。以中原历史文化、黄帝故里拜祖大典、国际少林武术节为载体，把郑州打造成为国际性的节庆活动中心。重视会展人才队伍建设，引进培养运营管理和专业服务人才。拉长会展产业链条，促进展会与旅游、文化、广告、包装等产业融合发展。

6. 优先发展文化创意产业

根据国家《文化产业振兴规划》、《河南省建设文化强省规划纲要（2005—2020）》、《郑州市国民经济和社会发展"十二五"规划纲要》，郑州市 2011 年出台了《郑州市"十二五"文化创意产业发展规划》。

（1）指导思想。以邓小平理论和"三个代表"重要思想为指导，贯彻落实科学发展观，大力弘扬社会主义先进文化，紧紧围绕"文化强市"的总体目标，从提升郑州城市文化竞争力和调整产业结构，转变经济增长方式的战略高度，大力实施文化创新工程，优先培育和发展具有一定基础和发展潜力的创意主体和产业门类，扶植和壮大文化产业群和文化创意产业集聚区，延伸和拓展产业链，不断提高文化创意产业对经济社会发展的优化功能，大力提升郑州的文化软实力和城市影响力，促进郑州市经济社会和谐发展。

（2）基本原则。第一，坚持"政府引导，市场主导，企业为主"的原则。政府通过制定规划、提供优惠政策、完善公共服务体系等，推动和引导文化创意产业的发展；企业以市场需求为导向，通过市场竞争壮大和发展自身，在市场运作中形成产业集聚。并通过政府科学规划和企业合理运作发挥产业园区和集聚区的带动效应。第二，坚持自主创新和优质引进相结合的原则。鼓励企业以丰富的文化资源为依托，大力开发具有自主知识产权的产品，创建自主品牌。同时积极引进国内外知名企业到郑州建立创作、制作、研发、加工、市场推广等基地，扩大国内国际合作，尽快形成产业规模。第三，坚持发挥群体优势和培育龙头企业相结合的原则。积极培育和发展龙头骨干企业，逐步形成以龙头骨干企业为支点，大中小企业紧密配合，专业分工与协作完善，具有国际竞争力的产业集群和优势产业链。

（3）总体目标。2015 年基本建成与社会主义市场经济体制相适应、有力支撑创新型城市建设的文化创意产业体系。根据郑州城市特色、资源优势、文化消费趋势，形成优势门类突出、相关产业联动发展的新格局。文化创意产业要成为全市文化产业增量的主体部分，成为全市经济结构优化的重要推动力，成为郑州经济发展的重要增长点，实现文化资源大市向文化产业强市跨越，增强郑州市的文化软实力，实现"中原文化核心之都"的城市定位，增强郑州市对周边省市的影响力和辐射力，构建中原经济区的"文化创意中心"。

7. 建设中西部旅游中心

按照"两带八区"旅游资源和旅游产品发展布局，以"天地之中"历史建筑群申遗成功为契机，打造少林、寻根两大国际知名旅游品牌，积极培育河洛康家、雁鸣湖、"四库一河"等一批精品景区和精品线路。大力发展城市观光游、都市工业游、城郊生态游、乡村游、会展商务游、革命老区红色旅游等新型旅游业态，加快游客集散中心、主题公园、滨黄河大型景观公园、服务中心和信息平台建设。加强与国内外旅游城市间合作，实现客源共享、市场共赢。加快旅游资源整合，引进和培育大型旅游企业（集团），建成一批四星以上酒店，加强旅游从业人员的培训，提升旅游业服务质量和水平。把郑州建设成为中西部地区的旅游集散中心、重要旅游目的地城市和国际旅游名城。

（三）现代农业发展计划

1. 着力发展都市型现代农业

按照"专业化、标准化、规模化、集约化"的要求，加快转变农业发展方式，优化农业生产布局，完善农业服务体系，着力提高农业综合生产能力、抗风险能力、市场竞争能力，突出科技创新，积极发展高产、优质、高效、生态、安全的都市型现代农业。

按照"一带、两区、三圈"的总体布局，在稳定粮食生产能力的基础上，大力发展观光休闲农业、设施农业、精品农业、生态农业等特色农业，重点建设花卉、蔬菜、林果、健康养殖等一批重点产业园区（基地），加快形成"环城苗木花卉林果产业带"，提高科技含量，实现农业多样性开发。

2. 大力推进农业产业化

大力发展规模化经营。壮大新型产业化经营主体，发展特色农业，培育主导产业和农产品产地市场，完善市场体系，充分发挥龙头企业、农民专业合作组织和现代销售网络的带动作用，建设集良种繁育、规模生产、精深加工、物流贸易和循环于一体的现代产业链，努力提升农业产业化水平。

做大做强农业龙头企业。发展壮大种植、养殖、加工等领域农业龙头企业，引导加工型企业由农产品初级加工向高附加值、精深加工转变，扶持龙头企业引进先进生产线和技术改造，实施粮食、果蔬、畜禽、水产品等精深加工，鼓励建设全产业链企业集团，培育一批生产规模大、标准化水平高、竞争实力强的知名龙头企业。

发展壮大农业专业合作组织。按照服务农民、进退自由、权利平等、管理民主的要求，引导规范农民专业合作社加快发展，使之成为引领农民参与市场竞争的现代农业经营组织。以龙头企业为带动，采取合作组织和种养大户联动发展的经营模式，扶持一批各产业领域的示范社、农业合作经济和股份合作经济组织，扩大基本生产经营单元的生产规模，促进农业合作经济发展。加大对农民培训力度，培养农业技术骨干和实用人才。

实施农业品牌战略。培育主导产品，重点发展大枣、石榴、柿子、金银花、大蒜、西瓜、樱桃等特色优势农产品品牌，积极开展无公害、绿色、有机产品认证和产地认证，创建省级、国家级品牌。支持各类生产和经营者开展品牌经营，以优势品牌产品为主导，拓展农业出口创汇渠道，扩大出口创汇力度。

完善农资及农产品流通体系。加快普及连锁配送等新型农资流通业态，加强粮、棉、畜等大宗农产品批发市场的建设，推动"农超对接"，大力推行农产品分级包装上市，建成一批综合农产品物流园区。

三　社会管理创新

完善网格化社会管理体系，实现政府职责特别是市场监管、社会管理和公共服务职责在基层的有效落实；创新社会管理体制，以发展社会事业和解决民生问题为重点，优化公共资源配置，逐步形成惠及全民的基本公共服务体系；推进和谐社区建设，完善基础教育、医疗卫生、文化体育、社会服务、物业管理等各类公共服务基础设施，拓宽社区服务领域，增强社区服务功能。

（一）建立并完善网格化社会管理体系

为了深化"坚持依靠群众推进工作落实"长效机制建设，郑州市创新性地提出了"全覆盖、无缝隙"的网格化管理体系。

网格化管理的实质是对现行管理体制弊端进行社会管理机制创新，探索领导方式的转变，不断落实"三具两基一抓手"要求，推进人、财、物、权、责全面落实，强化基层基础建设。通过差异化职责和网格化管理促进条块融合，推进管理方式从被动处置问题向主动发现问题、解决问题转变，从事后执法向源头管理服务转变。

网格化管理体系建设的核心是以网格化管理为载体，差异化职责为保障，信息化平台为手段，促进条块融合、联动负责，形成社区（村）管理、社区（村）服务与社区（村）自治有效衔接、互为支撑的治理结构，实现政府职责特别是市场监管、社会管理和公共服务职责在基层的有效落实。

网格化管理体系包括"三级网格"、"四级平台"和"五级联动"三个部分。"三级网格"：以乡（镇）办为单元，划分乡（镇）办、村（社区）和村组（楼院、街区）三级网格，每级网格"定人、定岗、定责、定奖惩"，让乡（镇）办、职能部门、驻村工作队三个责任主体协同联动，共同担责。"四级平台"：建立市、县（市）区、乡（镇）办、村（社区）四级联网的公共管理信息平台。

"五级联动"：市委常委分包县（市）区，县（市）区领导分包乡（镇）办，乡（镇）办领导分包村（社区），机关干部下沉到村组（片区），形成市、县、乡、村、村组上下五级联动，推进"人往基层走、钱往基层花、物往基层用、权往基层放、劲往基层使"。

网格化管理的基本特征是"管理＋服务＋自治"，是一种以"民主自治"为主线，将社会管理工作落到基层，落到群众中去的工作机制。首先，自下而上。这项工作机制，能够让社区群众真正参与到自己社区的管理工作中来，通过居民代表会议制度、民情收集和公示制度等多种方式，让社区居民参与到社区管理中去，使之形成问题解决在社区的良好互动，从而使得社区成为一个居民们"民主自治"、群防群治、齐抓共管的载体。这种互动，一方面将问题解决在基层，优化了社会管理方式，使社区真正能够从多方面了解群众需求，从多方面为群众服务；另一方面也在社区中形成了一种相互沟通的当代社区文化，为我们群众的精神文化生活做出了贡献。其次，自上而下。一方面，通过周例会、日上报等制度，社区能将无力解决的问题，上报给上一级部门，通过上级部门的协调真正为老百姓解决那些需要多部门整体联动的"老、大、难"问题，让老百姓得到实惠。另一方面，政府能通过网格化管理，进一步加强社区的基层组织建设，使基层的组织和党员干部在社区群众的日常管理中起到更积极的战斗堡垒和先锋模范作用。同时，政府也能够从一个侧面，对网格内居民，实现公共资源的整合化和管理工作的务实化，使管理服务水平更加有效率，业务流程更加规范，管理服务机制更加便民，如：对空巢老人、残疾人、低保家庭等特殊人群，推出定制化的志愿帮扶服务、健康关爱服务等项目。

（二）创新社会管理体制

以发展社会事业和解决民生问题为重点，优化配置公共资源，逐步形成惠及全民的基本公共服务体系。发挥政府管理职能，增强基层自治功能，引导社会资金流入到公益事业，降低社会管理成本。加快社会管理人才队伍建设，积极培育志愿服务队伍。加强社区预防未成年人违法犯罪工作站建设。加强移民安置工作，进一步满足移民生产、生活、就业等方面的迫切愿望，实现安居乐业。积极支持国防和军队建设，开展国防教育，增强全民国防意识，加快国防动员和驻郑部队基础设施建设，完善各类国防动员预案，做好国防动员和民兵预备役工作。积极开展"双拥"军民共建活动，巩固和发展军政军民团结。

（三）推进和谐社区建设

坚持政府引导、市场运作、以人为本、服务居民的原则，拓宽社区服务领域，增强社区服务功能，健全社区信息服务网络系统。加强政策宣传和指导，健全基层党组织领导的社区民主管理。合理规划社区布局，完善基础教育、医疗卫生、文化体育、社会服务、物业管理等各类公共服务基础设施。设立社区综治服务站，化解社区矛盾。规范物业管理行为，全面提升服务水平。积极开展面向困难群体和特殊对象的社会救助和社会福利服务。推行社区公共服务事项准入制度和社区志愿者注册登记制度，大力培育服务性、公益性、互助性社区社会组织。

四　体制机制创新

创新对外开放机制，放开一切能放开的领域和行业，集聚一切能集聚的资源和要素，破解一切能破解的羁绊和束缚；创新行政服务机制，进一步降低门槛、简化程序，提高服务效能；深化科技体制改革，健全科技公共服务机制；深化经济体制改革，革除束缚非公有制经济发展的体制性弊端；着眼城乡一体，深化投融资体制、产权制度、土地流转、户籍管理、公共服务、社会保障等综合配套改革；深化文化体制改革，推动科技与文化产业结合，实现文化产业大发展。

（一）深化体制和机制创新，激发郑州"两型"经济发展活力

近年来，郑州市坚持用改革创新的办法破解发展难题，进一步形成有利于创新型经济发展的体制机制。①创新了资源整合机制。吸引了一些国家政策性银行，省市国有投融资平台，民企、外企等各方面的资金，参与整合高新技术企业、高校、科研院所，联合推进一批产学研结合的重大项目，使郑州市的创新网络逐步融入全球创新体系。②创新了人才机制。以建设郑州市高层次人才创新创业基地为依托，吸引和聚集了一批世界水平的科学家和研究团队。③创新了国有资产监督管理机制。按照现代企业制度要求，郑州市进一步完善国有企业法人治理结构和内部管控体系，以市场机制促进国有企业做大做强，重点支持了一批优势企业通过资本市场迅速做大。④创新了行政管理体制，坚持实施和不断创新"小政府、大社会，扁平化、事业部制"的管理方式，减少决策层级，简化行政审批程序，提高办事效率。

（二）以体制和机制创新，促进高技术服务业的快速发展

郑州市根据服务产业发展新趋势，通过体制和机制创新，有效发挥了区域资源优势，加快了科技研发、科技商务和信息服务三大高技术服务业的发展，走上了业态优化、产品优异、管理优质的发展道路。首先，郑州市通过体制和机制创新，加速发展科技研发产业。郑州市通过体制机制创新，一方面，充分发挥了科研机构和高新技术企业聚集的优势，以科研院所、高校和企业为载体，以教育资源为基础，以研发资源为核心，打造科技研发产业集群。另一方面，促进了大学科技园与企业建立共同研发平台，推动科技创新研发和新技术产品孵化；支持了一批企业研发中心、创新孵化基地建设，促进了各类各级研发活动的顺利开展。其次，郑州市通

过体制和机制创新，促进了科技商务产业的发展。以郑州市 CBD 为核心，建设高品位的商务服务环境，积极发展金融保险、信息咨询、研发服务等各类专业服务组织，大力引进国际知名的专业服务机构，做大做强生产性服务业和生活性服务业，形成了配备设施齐全、专业化功能突出的科技商务产业集群，进一步推动了高新技术产业和高端现代制造业持续快速发展。最后，郑州市通过体制和机制创新，不断发展信息服务产业。围绕3G 通信和下一代网络建设的需求，郑州市通过体制和机制创新，推动了技术研发、内容开发、电信运营等环节密切合作，实现了应用电子、信息安全为特色，集成电路、通信、软件和信息服务业等重点信息服务业的快速发展，正在形成信息服务产业集群。

（三）以体制和机制创新，加快郑州市金融服务业发展

以郑东新区为例，按照郑州市"三大一中"战略和"双核驱动、六城支撑"的工作部署，郑东新区金融集聚核心功能区总体空间布局为"两圆一带一方块"。"两圆一带"包括现在已经建成的 CBD、正在建设的龙湖金融中心及连接 CBD 和龙湖金融中心之间的运河两侧建筑群，主要布局各类金融机构总部、区域总部或功能性中心。"一方块"即金融后台服务园区，位于郑州东站交通枢纽东南侧，统一规划布局金融后台项目，积极发展金融服务外包和电子商务产业。

为了实现这一目标，郑东新区在金融服务上进行了两大创新：制度化、精细化。即实行项目分包制度和三级协调机制，对入区项目实行"一条龙"服务，各分包局办坚持每周与项目单位联系两次以上，每周到工地现场查看一次，具体负责协调项目选址、规划设计、土地出让、基础设施配套、项目周边施工环境、奠基仪式及各项手续办理等过程中相关问题，遇到重大问题及时上报管委会或更高层面研究解决。

（四）以体制和机制创新，实现其他服务业的快速发展

郑州市通过体制和机制创新，集聚全市科技服务资源，形成人才服务、技术转让、科技咨询、成果转化、投融资、知识产权、公共技术、大型仪器共享等特色鲜明的科技服务体系。发挥科技中介与各创新主体的联结作用，为区域创新与创业活动提供全过程、全方位的高品质服务。同时，通过机制创新，实现了文化创意产业的迅速发展，发展了一批以数字文化、动漫游戏、创意设计等为主要内容的文化创意产业和功能园区。

第五章　主体与重构：郑州开放创新双驱动战略实施的协调机制

第一节　郑州实施开放创新双驱动战略的行为主体

郑州开放创新双驱动战略实施的主体不仅是政府，还包括企业、高等院校或科研机构。其中，政府是开放创新双驱动战略的制定者和推行者、开放创新环境的塑造者，是成功推进开放创新双驱动战略的最重要的行为主体。企业、高等院校或科研机构等各主体应该坚持开放创新导向，积极配合、深度参与、共同推进郑州市开放创新双驱动战略的顺利实施。

一　行为主体

（一）政府

在郑州开放创新双驱动战略中，政府是最重要的行为主体之一，具有以下几个方面的职能。

1. 制定并推行科学的、具有前瞻性和可延展性的战略规划

世界各国都正在使用各种规划方法来推动经济社会的发展，它们的不同之处在于政府和市场在规划中相对地位的差异。就郑州市而言，所制定的开放创新双驱动战略规划，应该既符合实际需要、又有前瞻性和一定弹性。制定这样的战略规划，要处理好以下关系：

第一，处理好短期利益和长期利益的关系。郑州目前处于工业化后期，从短期来看，社会物质财富与发达地区存在不小的差距，仍然需要加快经济增长；从长期来看，郑州市要建设新型都市区，不仅要考虑物质财富的增长以及城市整体实力的增强，追求"快字当头"、"总量取胜"和"速度领先"，还要转变经济发展思路和模式，最终促进产业高水平聚集

和经济社会可持续发展。

第二，处理好开放和创新的关系。开放是促进郑州经济增长的客观需要，创新是转变郑州经济发展方式的必选选择，有时为了创新，需要牺牲短期的经济增长，但要看到，在特定的发展阶段下，为长期利益而适当牺牲短期利益是非常必要的；

第三，处理好战略制定和执行的关系。战略制定是一个极其复杂的过程，往往要受到诸多因素的影响和制约，其中战略制定得是否切合实际、是否科学、是否具有弹性对政策的执行至关重要，战略很重要，但有时战略执行比战略本身更重要，如果没有执行，再好的战略方案也只能是一纸空文，战略目标也实现不了。正因为战略执行有如此重要的意义，美国学者艾利森才说，在实现战略目标的过程中，方案确定的功能只占10%，而其余的90%取决于有效的执行。

2. 推动体制和机制创新

开放创新双驱动战略的实施，需要对现有的科技市场管理制度、信用和金融体制、知识产权制度、产业集聚机制等体制和机制进行创新，并制定一系列新的促进开放、创新的政策措施，包括政府促进科技创新的措施，如政府组织科技战略性研发活动，对企业自主技术创新的政策支持与创新活动的引导，对风险投资发展的政策支持，发展教育和强化创新型人才培养等。

3. 塑造有利于开放创新的稳定环境

政府要为企业开放创新提供可预见的金融、法规和政策环境，促进能激发大量积极进取的企业家精神的竞争性市场的发展，对不同规模、不同所有制的企业在开放创新政策支持上一视同仁，形成各类企业竞相开放、创新的良好局面。

4. 提供开放创新战略实施的资源支持

按照开放创新的要求，提高开放创新战略实施过程中的资源投入。以科技创新为例，自主科技创新需要大量的资金投入，这些资金可以来自于社会的各个方面，来自政府的资金是最重要的组成部分之一。政府的资金既可以直接用于基础技术、共性技术和关键技术领域的创新，也可用于引导社会资金投资于企业的产品创新、工艺创新，为此，政府必须建立相互联动的资金投入机制，保证合理的资金投入结构，提高资金利用效率。

5. 建设开放创新文化

创新是一个民族的灵魂，这一灵魂的显现与张扬必须有赖于一个文化氛围或环境，包括崇尚创新的社会价值观、公民创新素质的教育、对创新行为的认同与宽容、保障创新者权益的制度安排等。

（二）企业

企业是社会经济系统的主要细胞，企业是推行开放创新双驱动战略的实践者和归宿，是开放创新双驱动战略方案的实施者。企业作为开放创新双驱动战略实施的主体，要发挥如下几个方面的功能。

1. 企业是企业家精神和创新文化建设的主体

企业创新归根结底要靠企业决策者，即企业家。企业家在企业创新中起着核心作用。企业家的创新理念、创新精神，会引导企业与外部合作，并调动内外部资源进行创新。企业家所展现出来的企业家精神，例如，勇于突破传统、积极接受新思想、鼓励创新和宽容失败等，能够在企业内形成创新型文化氛围，激励员工积极创新，在创新中体验到工作的兴趣和意义。

2. 企业是研究开发的主体

企业作为研究开发主体，就是要以企业为创新主导，企业确定创新客体，企业提出创新方向，当然企业要作为创新研发的主要投资者，筹措足够的创新研发资金，成为创新研发的投资主体和创新研发的决策主体。企业作为创新主体，还要与科研机构、高等院校等科研单位合作，实现优势互补，建立起产学研用的战略联盟，实现良好的互动合作机制，整合社会科技资源，加快科技创新速度，提高创新效率。

3. 企业是创新活动的主体

企业要努力协调研发、生产和市场的关系，高度重视市场的导向作用，实现创新和产业链的组合。关注市场信息，密切关注市场的变化，以市场需求来引领创新，推动企业的创新，使企业创新走向新市场，向社会拓展，向创新寻找市场。要实施创新激励，将创新成果申请专利，建立合理机制分享研发成果，使企业技术中心成为科技创新活动指挥部。

4. 企业是创新成果的应用主体

企业要主动了解市场信息，主动把发明、创新的成果变成物质产品和服务项目，成为创新成果的应用主体。这些发明、创新成果，既包括企业为主导的研究开发的创新成果，也包括科研机构、高等院校等科研单位单独实现的发明和创新成果，使其成果得以转化，并进一步创建科技创新转化的良好环境。

5. 企业是吸引和培养创新人才的主体

人才是知识的主要载体，对创新有着决定性的作用。企业应拥有完善的管理体制，拥有完善的人才激励机制，并营造尊重知识、尊重人才、尊重劳动的良好习惯。在创新的过程中，集聚人才，在创新的组织过程中培养人才，并着力培养一批德才兼备、技术拔尖的创新型人才，造就一批素质高并得到社会认可的创新型团体。

（三）科研机构或高等院校

科研机构是国家创新体系的一个重要组成部分，以知识创新和技术创新为主，并进行知识及技术创新成果的转移和知识传播；其职能在科技创新中起到了源头和中坚的作用，以瞄准国际发展前沿为导向，以满足国家需求为目标，开展知识创新和技术创新活动，通过知识及技术创新成果的转移和知识传播实现其存在的价值。科研机构在原始创新、集成创新和引进消化吸收再创新三种创新活动中，以原始创新和集成创新为主，不断创造新知识、新技术和新成果，通过与其他创新主体的结合实现知识及技术创新成果的转移转化和知识传播。

高等院校在开放创新双驱动战略实施中具有重要地位和作用，高等学校以通过对创新性知识的传播、发展和应用为重点，其目标是研发高水平的成果和培养高水平的人才，并在社会发展、建设经济、科教进步、文化繁荣、国家安全方面发挥关键性作用。国家自主创新的主要力量是高等学校，它们通过基础研究、应用研究、实验研究、科学文化等方面的工作，在寻找真理、繁荣文化、促进跨学科攻克重大科学技术等方面不断取得新进展，进而获得许多新理论、新方法、新技术，对国家的文化、技术、政策等方面创新给予支持。因为它集聚着最有水平的师资和最为科学的科研设备等良好资源，对研究型的人才培育提供有效的保障机制；具有学术探索和学术自由的传统，能够为优秀的人才提供优良的学术环境；同时，是传播先进文化和创新知识的基地，能为创新型研究人才培养提供灵感与动力。

二 战略实施各行为主体的共同利益

开放创新双驱动战略实施的关键因素是，这一战略是否代表了各行为主体的同样的利益，为实现共同利益而确定的目标与采用的集体协调行为可以获得包括政府、企业以及科研机构和高等学校在内的各行为主体的广泛认可与支持。只要各行为主体之间存在着共同的利益，并能够确保以某种组织获得这些合作的共同利益，这一战略就能建立起广泛的社会合法性和相应的权威性，具备实施的基础和强劲动力。因此，发现所有行为主体的共同利益，以适当的方式维护共同利益，是使战略得到很好实现的重要保障。

（一）直接的共同利益

战略实施各行为主体之间，为了战略的顺利实施、谋求更好的发展、共享社会资源和信息，以集体协调行动的方式强化主体地位，以实现个体不能实现的经济和政治目标等，而这些共同利益确实需要各行为主体之间集体协调行动（一致行动）才能实现。然而，除政府以外的各行为主体在市场竞争中所形成的对手意识与短期绩效目标制约着它们长远共同利益目标的确认与选择；同时，需要倡导、协调约束集体行动，各行为主体集体行动难以组织或容易失败的主要原因是组织成本与不确定的预期收益。因此，发现和寻求实现各行为主体间的共同利益，并利用战略执行委员会对它们之间的利益关系进行调节是战略实施的基础。由于我国市场经济发展相对较晚，低水平的产业分工，特别是企业竞争与合作的关系，政府、企业和研究机构、院校合作不规范，导致各行为主体的共同利益与集体协调行动意识比较薄弱。在目前情况下，郑州开放创新双驱动战略的实施以及预期发展趋势对各种行为主体正产生非常广泛的影响：市场竞争越来越激烈，集体协调行动给个体成员提供的利益就越不可替代，共同利益价值就更容易获得普遍认同，各种行为主体的集体行为就能获得更广泛的参与。

（二）间接的共同利益

在开放创新双驱动战略实施过程中，由于各行为主体都是在特别的组织内部和外部的情景中进行管理、科研、经营或者教学活动，因此凡是影响各行为主体工作环境的因素都可以间接影响它们的成本和收益。如规范的市场环境、扶持性的公共政策、充分全面的市场信息、高效的交流方式、合理权益的及时保障等，都可以间接地提高收益，降低成本。因此，开放创新双驱动战略实施在影响和改变外部环境方面有着明显的共同利益。

间接利益是收益相对难以衡量的远期和潜在利益，因为它是发生在未来，而且，为实现这些利益而取的集体协调行动存在"搭便车"的可能。

在集体行动的成本与收益不对称的情况下，如果行为主体之间缺乏高度的信任关系和有效的组织，也将缺乏进行更深层次合作的动力。因此，间接共同利益的实现需要成员之间的长期合作和充分的信任以达成默契、履行承诺，并通过正式的组织和公认的游戏规则、集体领导，协调共同利益的分配。

（三）共同的社会利益

开放创新双驱动战略实施的行为主体有行政组织、经济组织和其他组织之分，但它们都是社会组织，它们除了有自身的利益之外，也追求一种社会归属感，体现自身存在的价值。事实上，如果某些主体被排斥于具有共同利益的群体之外，意味着其社会地位和角色的缺失，其存在价值被否认。如果企业加入某一群体，从而取得群体成员的认同和支持，既可以满足其社会交往的需求，也可以对其社会地位与角色进行明确定位。各行为主体之间共同的社会利益很难用数量进行衡量，但通过加入特定群体或组织所获得的归属感、荣誉感与安全感同样是非常重要的。

第二节　战略实施各行为主体的集体协调行动

集体协调行动是各行为主体为实现某些共同利益目标而采取的协调一致的联合行动，是实现共同利益的基本途径。集体协调行动需要发动、组织与协调，形成对市场、社会、政府的特殊影响力量，推动各方对其利益要求做出积极反应。

一　集体协调行动的本质和特征

集体协调行动的本质是各行为主体之间通过某种方式的联合而进行的多方合作，包括政治、经济和社会不同领域的合作。企业、科研机构和高等学校的发展依赖于其控制的资源类型与数量，合作虽然降低了对资源的依赖性，但也减少了每个主体独立决策的自由空间。因此，为保持企业的独立自主权，拥有丰富的资源和强大的竞争力优势的主体（如大型企业、高等院校或研究机构）不会轻易加入拥有集体协调行动群体中。而资源稀缺和缺乏竞争的企业（比如小企业，弱势高校或研究机构），一般情况下，它们更愿意放弃自身的独立来获取更重要的资源。

集体协调行动的典型特征是其收益与成本可以不对称。在战略的进行阶段，政府作为战略的制定者和推动者，其所处的地位和扮演的角色与其他主体相比是不同的，集体协调行动的成本绝大部分是由政府来承担的。特别是由于集体行动完成后能得到的好处具有公共物品的性质后，不参与集体协调行动，也没有采取集体协调行动的主体成本仍然可以分享这些共同利益。在这种情况下，追求自身利益最大化的主体以外的政府将"理性"地选择不参加集体协调行动。如果集体协调行动是"搭便车"的行为，就会出现缺乏集体协调行动的参与者的情形，而使该行动无法进行。

二　集体协调行动的组织成本

郑州开放创新双驱动战略实施主要是促成各主体自愿贡献资源，使用不同主体之间的信任关系或合同的承诺（明示或默示）筹集资源，借助集体的协调行动影响所需的目标。这一过程的投入一方面在组织界定之外实现，单个的主体既无法控制集体协调行动的成功与失败，也难以评估其成本和效益。加之"搭便车"问题的出现，导致除政府以外的主体缺乏参与集体协调行动的激励。由于集体协调行动本身的组织和协调所要付出的代价非常高，除非组织者和参与者有一个明确的共同利益与集体行动的共识，能够准确地识别和界定共同利益目标，并有效地减少组织的集体协调行动和协调成本，否则，集体协调行动很容易归于失败。

三　影响集体协调行动的主要因素

集体协调行动的基本方式是实现集体的共同利益，因此，集体协调行动必须有足够的参与者，使其成员可以合理地约束成员的"不团结"行为，并实现预想的目标。有三个主要因素能够影响集体协调行动的成功与失败，它们分别是：各行为主体预期可获得的收益、参与集体协调行动的成本、成本和收益的协调机制。

（一）各主体从集体协调行动中获得的预期利益

各主体联合起来采取集体协调行动，根本动因是参与集体协调行动能够得到一些非常大的效益，那是个体能力所没法达到的。在政府的提倡下，能否为集体协调行动的各行为主体带来足够多的好处，这决定着它们参与集体行动的热情。一般情况下，如果能获取直接的利益（量化的利益），则容易达成目标，集体行动的动员和组织的难度也越小。获取间接利益和社会利益（难以衡量的利益），需要政府从一系列个体利益中去准确识别和区别共同利益，并从中提炼出代表共同利益的目标，使该目标能真正反映绝大多数成员利益的迫切需求，以吸引众多主体参与集体协调行动。很明显，这是一个相当有难度的群体决策的过程，通常需要正式组织有效的战略规划和管理协调来保证。

（二）参与集体协调行动的成本

尽管参与集体行动的收益难以确切衡量，但支出的成本却可以精确计算。因此，即便已经认识到彼此之间共同利益的重要性，但如果参与集体的组织活动所付出的代价过高，导致预期的净收益下降，就会让一些人对参与集体行动产生厌恶，进而放弃。一般来说，进行集体协调行动的人数越多，各主体所贡献的资源、才能的总数就越大，它的个体平均成本就越少。因此，让拥有共同利益的主体都积极参与集体协调行动是降低成本的最佳途径，这要求集体协调行动的组织者应当具备公认的权威性、代表性与影响力。显然，只有正式组织才具有这样的地位。

（三）各主体之间成本与利益的协调机制

影响集体行动协调一致性的主要因素是能否建立各利益相关者之间的成本和利益协调机制，同时减少协调行动的高昂成本以及增大集体协调行动的净收益。理论和实践证明，集体行动的组织者如果能够通过完善合理的制度让对集体利益需要最迫切的主体分担较多的成本，也就是所谓的不对称利益；对积极参与的个体进行额外奖励和补偿，即正向激励；对违反集体利益的个体进行惩罚，即反向激励，这样就能够降低协调行动的成本，增大共同利益获得的可能性。

第三节　战略实施中集体协调行动的组织机构及机制

为贯彻落实郑州开放创新双驱动战略，促进郑州经济社会持续健康发展，应尽快成立实施郑州开放创新双驱动战略领导小组和专家咨询委员会，作为郑州开放创新双驱动战略领导小组办公室的办事机构和咨询机构。

一　战略领导小组及其协调机制

有效率地发动、领导与协调各主体集体协调行动是战略领导小组成立的初始诱因。集体行动的协调一致是实现共同利益的基本途径，但是即便合作意愿强烈具有集体精神，也难以保证资源和利益的完全共享和分享承担，所以组织行动的协调成本就会升高。非正式组织具有显而易见的缺点就是缺乏独立自由和凝聚力差，这种组织仅依靠相互之间的信任来维系，而背叛组织的行为也难以进行内部惩罚，这就是非正式组织蕴含的极大风险。政府为开放创新双驱动战略实施而专门设立的战略领导小组则是正式组织，具有代表性与权威性，不仅可以通过正式的决策程序协调各主体利益，合理合法地利用其组织资源以协调各方的行为并最终获得共同利益，同时还可以使用具有威胁性的措施惩罚不合作的个人。成立战略领导小组办公室正是遵循着这样的逻辑。

（一）主要功能

根据以上理解，战略领导小组可以科学地集合各行为主体的共同利益，提高协调效率，更好地维护各方共同利益。

1. 整合各主体共同利益

战略领导小组是由政府为了保障战略有效实施而专门设立的正式组织，其具有社会合法性和权威性。通过规范的治理结构、组织机构和组织制度建设，可以逐渐积累形成自身资源及科学的民主决策过程和完善的信息系统，对于控制能力和组织能力的提升具有重要作用；同时在企业、政府、科研机构、高等院校以及社会各界树立了广泛的代表性、权威性和影响力。进而在面对大规模群体成员各自提出多样化的利益要求时，战略领导小组运用分层决策和规范程序将分散的个人利益要求整合成共同利益，同时与各主体进行沟通和探讨，借此形成较大的社会影响力。

2. 提高集体协调行动效率

战略领导小组具有规范性、稳定性和持续性的特征。通过具有威胁性的集体惩罚对不合作的个体进行制裁，或者运用制度约束来弥补信任不足。战略领导小组借助组织资源、决策和系统的支持等，可以超越个体成员的利益、实现共同利益作为工作使命，并在共同利益的实现过程中确定行动目标和方案，发动各主体积极参与集体协调行动，有效降低协调成本，有助于提高集体协调行动的成功率。

（二）具体职责

（1）研究提出郑州开放创新双驱动战略实施的专项规划、重大问题和重大政策的建议，对各区开放创新双驱动战略实施进行指导和论证、综合平衡和衔接。

（2）研究郑州市科技创新、技术改造、研发中心建设行动以及知识产权管理、重大科技专项、科技企业成长、科技与金融结合、创新型城市建设等各项重点工作，对技术创新体系建设、技术创新制度环境建设、开放创新协同机制、研发多元投入、财政资助、贴息和税收减免等政策提出建议。

（3）研究提出郑州开放创新双驱动战略优势产业发展、创新基地建设、发展方式转型以及重大项目布局的建议并协调实施。

（4）研究提出郑州深化改革、扩大开放和引进国内外技术、资金、人才的政策建议；推进重点基础设施建设、资源环境保护和建设、工业与其他相关产业的协调发展。

（5）综合汇总郑州开放创新双驱动战略实施的发展现状，处理常规广泛的问题以及具有综合性的情况，并向领导小组提出具有建设性提议，与此同时完成领导小组下派的其他工作。

根据上述主要职责，郑州开放创新双驱动战略领导小组组长由市委书记、市长担任，分管副市长担任副组长，设立郑州开放创新双驱动战略领导小组办公室作为日常工作机构，办公室挂靠市科技局，设主任1人，主任由市科技局局长担任，设副主任若干人。

郑州市开放创新双驱动战略领导小组下设四个小组。

（1）综合组。主要从事文件搜集、媒体宣传起草文件，还包括一些安排组织会议和行政文秘等综合性的工作。即加强与领导小组的日常联系和沟通。

（2）政策体制组。主要负责发现和调研郑州开放创新双驱动实施过程中遇到的具有特殊性的问题，法律法规的深入解读，机制体制的变化和创新，增强对外部的开放性并吸引外部的技术及人才。

（3）科技组。对郑州市的科技创新给予指导性的意见，技术改造、研发中心建设行动、知识产权管理、重大科技专项、科技企业成长、科技与金融结合、创新型城市建设等各项重点工作，研究提出技术创新体系建设、技术创新制度环境建设，开放创新协同机制、研发多元投入、财政资助、贴息和税收减免等政策建议。

（4）产业组。指导、组织论证、综合平衡和衔接郑州开放创新双驱动战略实施的专项规划；研究提出郑州开放创新双驱动战略优势产业发展、创新基地建设、发展方式转型及重大项目布局的提议，对在实施过程中发生的具有特殊性的重大问题进行疏导和解决，推动结构产业的优化升级和发展。研究也提出了一些问题，包括工业及其相关产业协调发展政策措施的建议，推动郑州不同产业之间的协调和长远发展；对科技、文化、卫生等领域的发展提出建议，推进工业及其相关产业的发展，以及城市与农村以及经济与社会发展之间的良性互动。

（三）战略领导小组运行及协调机制

战略领导小组主要是维护各主体之间的共同利益。但是是否有效主要取决于运行机制是否表达和体现各主体共同利益。战略领导小组的三个相辅相成、互相作用的环节构成了共同利益运行机制：共同利益整合、共同利益表达、共同利益实现。

1. 共同利益整合

共同利益整合实质是指各主体之间个体利益能否提升为共同利益。这主要分为两项基础性工作。一是信息系统的有效性。信息的收集、分析和整理要使用科学的方法并使之能够有效反馈各主体提供的信息，在此基础上可以判定并决策出各主体之间的共同利益。收集信息的主要方法包括以下几种：通过研讨会和座谈会获得不同的信息；日常工作和分析研究中获得的信息；以问卷调查的形式对各主体进行征函；访问重要成员从中得到有价值的信息，以及包括在一些特殊情况中获得的信息。通过各种不同的方法和渠道可以获得较多的有效和有价值的信息，但是各信息之间相互联系、优势互补的完备信息系统还没有形成。于是这些来源广泛并具有较强随机性的信息就会引起缺乏科学性的分析和归类而丧失其蕴含的重要价值。因此，建立完备的信息系统是十分重要和必要的，因为信息是正确决策的基础，只有信息具有科学性和可操作性，信息的质量才能得到体现。二是建立规范的战略领导小组治理结构和决策程序，使各主体的个体利益通过科学民主的决策上升为集体利益。运用科学的决策和程序筛选出具有代表性和权威性的共同利益必然会有效且体现公信力。因此领导小组不仅要选择合适有效的决策方法，还要使其规范且易于操作。这样一来，制定可靠有效且规范公信的决策程序是十分必要的。对于需要不断协调解决的重大问题，仅仅有较高层次的正式会议是远远不够的，必须有科学的依据才能取信于各主体。这就需要一些统计数据、分析报告和政策建议。通过客观的数据分析以确认其是否具有共性和合理性。同样，如果政府要求战略执行委员会必须比上述规范形式提出利益诉求才认可其代表性和权威性的，也会从正面鼓励其完善治理结构和决策机制。

2. 共同利益表达

共同利益表达实质是通过某种有效的方法将共同利益诉求有效且充分地传递给各主体，即利益相关方。目前，战略实施过程中，各主体之间没有形成正式有效且具有权威性和公信力的沟通方法和机制，而是大多数采取非正式渠道进行沟通和共同利益诉求。如，由于缺乏正式的沟通渠道与协调方式，在战略实施过程中出现的一些问题不是通过正式决策程序做出，协调也没有通过正式权威的方式进行，所以信息的接收者也就是各利益相关方不能正确地判断这些共同利益的诉求是否真正代表各主体的相关利益，同时各主体也没有义务来响应和协调其利益诉求，也没有将其纳入决策范围的权利。这就说明了只建立规范严谨的内部决策机制是远远不够的，还要在企业、社会、政府之间建立起正式对话，这样才能保证利益诉求能够及时有效地传递给利益相关方并被利益相关方有效利用，这是开放创新双驱动战略实施的根本保证。

3. 共同利益实现

共同利益实现其实质是通过各利益相关方也就是各主体的集体协调行动，以民主合法的方式向利益相关方施加政治、经济和社会压力，保障战略实施。社会主义市场经济中相关利益主体面临着政治民主化和多元化的发展趋势。各主体之间通过合法的程序来表达共同利益诉求，社会文化进步也表现在此，即通过集体谈判在现行的法律结构和政治框架中协调各主体之间的利益冲突。而政府建立公共权力平衡多元化利益关系，实现战略发展目标，是我国政治体制改革的发展方向。所以，战略领导小组要推动和组织集体协调来增进各利益相关方的共同利益、促进战略实施，也就需要有效地使用其具有特殊性的组织信息、组织决策和组织结构系统。

在共同利益整合、表达和实现这三个相关环节中，第一个环节最为重要。因为它是以包括信息系统建设，协调治理结构和决策程序规范等步骤在内的内部改革过程。如果没有政府的支持和法律法规的完善，第二、三个环节在实际操作和实施过程中，很难取得良好的效果。其核心是建立共同利益运行机制，使三个环节能够形成良性互动的效应。

二 专家咨询委员会的职责和工作制度

专家咨询委员会是郑州推进开放创新双驱动战略的咨询机构。

（一）具体职责

根据国民经济和社会发展的重大需求，结合国内外相关领域或产业发展趋势，对关系郑州经济社会发展和符合开放创新双驱动战略要求的相关政策、产业布局、产业规划、技术创新、重大技术成果产业化等战略性、全局性重大问题开展调研，对重大建设项目进行论证，提出咨询意见和建议；对郑州市开放创新双驱动战略实施状况进行跟踪研究，并提出重大政策措施建议等。

（二）组织机构

专家咨询委员会设主任、副主任及秘书长、副秘书长若干名。委员会下设分委员会和一个机构：战略咨询委员会，负责对郑州市开放创新双驱动战略提出决策咨询和规划，对实施状况进行跟踪研究并提出重大政策建议等。分产业专家指导委员会的，负责对关系郑州经济社会发展和符合开放创新双驱动战略要求的相关政策、产业布局、产业规划、技术创新、重大技术成果产业化等战略性、全局性重大问题开展调研，对重大建设项目进行论证，提出咨询意见和建议。秘书处，主要负责委员会的日常事务。

专家咨询委员会由政府有关部门、行业协会、企事业单位的领导、专家、学者共同组成。委员会委员原则上为40—70人，行业协会、企事业单位领导不少于总人数名额的1/3。

（三）工作方式及制度

专家咨询委员会每年举行一届年会，由委员会秘书处负责筹备。根据工作需要，可适当扩大参加会议的人员范围和增加会议的次数。各分委员会可不定期召开会议。时间及会议内容由秘书处提前10天以书面形式通知各委员，无特殊情况委员应按时到会。

根据需要和委员的建议，委员会秘书处可召开临时会议或相关委员专题会议，如有重要会议和活动，可邀请委员列席参加。专家咨询委员会日常工作由秘书处负责协调。

第六章 对策与建议：郑州开放创新双驱动战略实施的政策选择

《国务院关于支持河南省加快建设中原经济区的指导意见》指出，应加强协调发展"三化"的先行先试政策。先行先试政策的实施足以说明国家对中原经济建设的扶持力度。郑州市各级党委、政府务必用足中原经济区建设的各项优惠政策，从贯彻落实科学发展观的高度，把实施开放创新双驱动战略作为事关郑州全局和长远发展的核心、主导战略，贯穿于全局和全部工作领域，全面、全力推进，真抓实干，务求实效，使之成为全市人民的自觉主动行为。为此，我们提出如下政策建议。

第一节 以精简统一为导向，完善体制机制，强化战略实施的组织保障

郑州应按照精简、统一、效能原则，加快建立适应开放创新双驱动战略实施需要的管理体制和运行机制，在简政放权、民主决策、行政审批、综合政务服务、社会管理、资源配置等方面进行卓有成效的摸索和改革，为战略实施提供组织保障。

一 着力推进政府职能转变优化，创新政府管理模式

郑州应以打造服务政府、责任政府、法治政府和廉洁政府为准则，以政企分开、政资分开、政事分开、政府与市场中介组织分开为纲要，对政府职能进行深层次的改变，从政府组织结构、机构设置的规范化出发，从而探索出政府职能的有机统一体系。

（一）进一步加快政府职能转变

郑州实施开放创新双驱动战略，与政府职能的转变步伐紧紧相连。所谓职能转变，是指通过经济、法律、行政三种手段的结合运用对科技经济

活动进行高效调节；要加大市场的监管力度以及执法力度，重视社会创新；形成促进科技成果创新，和谐民主团结，文化产业发展的局面；以此推动社会集体的事业发展进步。

（二）深化推进行政管理制度改革

（1）深化推进行政审批制度改革。加快进行政府职能的转变，压缩减少审批事项并准许社会组织行使相关审批事项，进一步实现非行政许可事项的"审批与收费零项目"。

（2）深化推进向社会组织放权。加快培育发展社会组织，制定向社会组织放权的目录，按照成熟一项转移一项的工作思路，转移和完善社会组织的相关职能，使社会组织具备标准起草、评优评比、业务咨询、统计分析、项目评估、法律服务、宣传培训、公益服务等政府行业管理职能。

（3）深化推进政府购买服务。以自愿接受购买服务、费用依据事项转移为基本要求，完善政府与社会组织间的购买服务制度，推动购买服务有秩序地实行。扩大政府购买服务范围，制定政府购买服务的目录，推动政府由养人办事向花钱购买服务转变，将相关事项通过购买服务的方式推向市场，提升财政性资金的使用效益。

二 着力推进重点领域创新改革，完善行政管理体制

郑州首先要正确划分政府职责，持续推动行政管理体制及涉外管理体制的改革，稳扎稳打地实施事业单位的岗位管理及分类改革。

（一）深化市场经济体制改革

郑州应明晰市场在资源配置中起到基础性作用，深化市场经济体制改革。要转变政府为主导的不计成本的开放模式，让企业为主导充分发挥市场资源配置机制。转变为企业干预微观层面，强化当前的招商引资、出口等考核标准。企业可根据现有的市场形势和自身的竞争力定型为外向或内向；市场可根据需求与价格的均衡关系自发地进行出口或进口的调节；不应在基本政策上差别对待外资与内资企业。

（二）推进涉外管理体制改革

郑州要积极推进涉外管理体制改革，强化投资和贸易促进功能，完善外贸代理制，强化进出口商会组织作用，建立和健全境外投资管理促进体系，建立外派劳务法律援助和救助体系。推进投资和贸易便利化措施，简化审批程序和办事环节。健全重点进出口商品运行监控体系，完善吸收国内资金、境外投资和对外劳务的统计制度。健全外商投资企业运行统计分析制度，监测贸易往来和公平贸易秩序，监测外资对敏感领域产业带来的影响。调动区县（市）发展开放型经济的积极性，提高公共管理决策的效率，加强依法行政、科学行政和民主行政。将经济绩效评价体系转变为开放型，降低组织交易成本和制度运行成本。增强外经贸商（协）会在行业自律、组织参展、信息提供、业务指导、政策咨询、法律援助、维护权益等方面的功能。

（三）继续深化大部制体制改革

按照精简高效原则，整合行政资源，进一步完善基层社会建设工作机制。继续深化大部制体制改革，抓好政府机构改革的后续完善相关工作，进一步优化机构设置和编制配置，促使机关效能提升。

（四）探索实行主体功能区的改革

探索该地区领导的发展经济的主要功能区域规划，根据经济和社会发展水平的不同，分成几个主要功能区域。在建设用地和分配、财政转移支付、生态补偿机制等方面引入差异化政策，倡导"不仅比总量、更比均量，不仅比速度、更比质量"的理念，实现差异化发展，从而打破行政壁垒，促进区域一体化的资源和基本公共服务均等化。

（五）推进综合政务服务体制改革

加快推进综合政务服务中心建设，搭建"一站式"服务平台，创新内部管理和运行机制，增强政务服务能力。探索建设统一规范的公共资源交易市场，推动政府投资和使用国有资金的工程项目、政府采购和土地使用权进场交易。

（六）推进事业单位分类改革

根据国家和省的部署，继续推进事业单位分类改革，在清理规范基础上，将相关事业单位划分为行政类、公益类和经营服务类三类。按照推进政事分开、事企分开的基本原则，梳理和划分事业单位的主要任务，对行政类事业单位承担行政职能的，大力推动职能回归，将其职能划归行政机关；对非经营服务类事业单位从事经营活动或相关服务适合由市场提供的，大力推进市场化；对工作任务相同、相近或者在同一区域内重复设置的，打破条块、部门界限进行重组；对于设置过于零散、规模过少、服务对象仍有社会需要的，予以合并或合署；对公益服务负担减少，工作量下降或工作任务已完成的，予以整合或撤销；对效益差的，予以撤销。

（七）深化社会管理体制改革

加快社会组织去行政化进程，探索拓宽群团组织的社会职能。扩大村级体制改革试点，进一步完善社区管理和自治体制，推进社区政务服务中心建设、集体经济改革、村级治安统筹、村级环卫统筹等，理顺村级组织架构、减轻集体经济负担、提升社区服务水平。

三　着力深化机构和机制改革，健全战略实施工作机制

政府改革应以减少监管政策，减少指导机会，加强机构控制，加强先行指导为主要方向。

（一）加强战略实施的组织协调

为确保战略的顺利实施，应建设高效的领导协调机构和机制以及高效的领导团队，实现与相关部门的协调，优势互补，资源共享。与此同时，建立联络机制之间的各种健全的科技合作与交流，在大学、研究机构和企业等主要机构之间协调。推进决策民主化，探索组建吸纳社会代表广泛参与的决策咨询委员会，研究完善听证程序和制定听证事项录，开展涉及战略实施过程的政策制定、项目规划等领域重大决策的论证、听证工作。

（二）加大战略实施信息公开力度

逐步推动战略规划、重大事件进展情况、处置措施和处理结果等信息的公开。完善信息公开投诉制度，及时向社会公开投诉资料及相关信息。探索建立集政务公开、行政审批、电子政务、信息发布、政府采购、公共资源交易、行政投诉受理、电子监察等于一体的综合政务服务平台。

（三）构建针对重大科技经济合作项目的绿色通道

政府应筛选符合进入绿色通道条件的重大科技经济合作项目，处理整个过程从引入或输出实现跟踪服务，以及一系列的方便、高效的服务和管理，并持续完善绿色通道的运行制度，促进技术经济合作项目的高效运转，提高管理和运营水平，整体提升郑州市对外科技经济合作项目的社会经济效益。

四　着力推进社会管理改革，建立郑州城乡一体化体制

郑州要率先着力破除城乡二元结构，走以城乡统筹、城乡一体、产城互动、节约集约、生态宜居、和谐发展为基本特征，大中小城市、小城镇、新型农村社区协调发展、互促互进的新型城镇化道路，引领"三化"协调发展。

（一）将"三个集中"作为加快推进城乡一体化的切入点和突破口

（1）将工业集中在产业集聚区。把郑州所有开发区整合为若干个工业产业集聚区，明确产业集聚区的空间规模、产业定位，要求新上项目和技改扩建项目原则上进入工业产业集聚区，为实现工业集中集约发展奠定基础。

（2）将农民集中在城镇生活区。以"因地制宜、依法有偿、农民自愿"为指导标准，有计划、有次序地促进城镇集中居住农民化。逐步建立由中心城区、县城、重点镇、新市镇和新型农村社区等模块构成的城镇体系。

（3）将土地集中成规模经营。秉承依法、自愿、有偿的原则，稳固农村家庭联产承包经营责任制，对农业生产组织方式进行改革创新，使土地集中于农业龙头企业、农村集体经济组织和种植大户手中。

（二）将"六个一体化"作为加快推进城乡一体化的路径取向

切实促进城乡土地使用和规划整合，设定推动城乡产业发展、城乡就业和社会保障制度一体化，城乡基础设施和公共服务一体化，城乡社会管理一体化为主要战略方向。

（1）推进城乡土地利用和规划一体化。对城乡建设、基本农田、产业集聚、生活居住、生态保护等空间布局协调规划，构建布局合理、分工有序、开放交流的城乡空间框架。

（2）推进城乡产业发展一体化。统筹推进城乡产业发展，促进三次产业的融合，构建互相支撑、互动发展的城乡产业结构。

（3）推进城乡就业和社会保障制度一体化。构建城乡无差异的人力资源市场，建立城乡平等的劳动就业制度，逐步推行城乡劳动力同工同酬，实现子女就学、公共卫生、住房租购等问题上的均等待遇。

（4）推进城乡基础设施建设和公共服务一体化。道路建设、交通布局、安全饮水、环境建设等方面均以城乡客运一体化为出发点，建立完整的农村公共文化服务体系。

（5）推进城乡社会管理一体化。以改善民生、惠及民生为根本途径，大力实施民生工程，着力完善分类供给、经费保障、设施建设、民主管理、人才队伍建设等机制。

（6）推进城乡事业发展一体化。以城乡义务教育均衡化、卫生事业均有化和文化事业均控化为着眼点，有效促进城乡社会事业的一体化发展。

（三）将"三项改革"作为加快推进城乡一体化的重要保障

（1）改革户籍管理制度。有效地解决农民进城后有关就业、户口、住房、社会保障、教育孩子等问题，让符合条件的农民与城市居民一样，真正享有平等权利。

（2）改革条块管理体制。寻找城乡利益协调机制，土地集约利用保护机制，建立和完善以工业促进农业、以城市促进农村的体系，形成城乡经济社会发展一体化的新模式。制定出将郑州全行政区覆盖在内的城乡规划，建设以发展深层化、布局集中化为原则的复合型功能区，加快郑州都市区建设的城乡一体化步伐。

（3）改革农村综合管理体制。加快集体林权制度、供销社体制等改革，开发全国农村金融改革试验区，以农村金融改革为创新试点。加大国有企业的改革力度，加强财税金融体制的改革层次，将要素市场改革为资本、产权、技术、土地和劳动力等为一体的综合市场。

第二节　以政府投入为导向，创新融资机制，强化战略实施的投入保障

要以政府投入为导向，创新融资机制，实现"洼地效应"与"杠杆效应"叠加，全力推动战略实施资金的多元化投入，为战略实施提供资本要素保障。

一　着力构建以政府投入为导向的多元化投入体系

（一）加快设立战略实施专项引导资金，发挥财政资金投入的导向作用

战略导向专项资金从市财政资金中列支，遵循"突出重点，效益优先"的原则，重点支持成长性好、潜力大的战略新兴产业和高新技术产业的发展以及产业升级改造项目，支持企业开发核心技术、科技成果转化，支持利用节能减排成果和技术研发，支持国家级、省级各类产业基地建设，支持工业化和信息化的融合。以项目补贴、奖励以及贷款贴息等扶持方式对重大招商引资、基础设施建设等予以支持。

（二）创新财政科技投入方式，强化多元化投入体系建设

为保证财政科技投入增幅明显高于财政经常性收入增幅，采取政府多

投入于财政科技项目等措施。除法定增长外，政府要加大科技创新投入，主要用于科技型企业路线图行动计划，引进高端研发机构计划，科技金融结合行动计划，未来科技城建设等；鼓励引导企业加大创新投入，使企业成为投入主体、研发主体、成果转化主体和受益主体；加快社会投融资体系建设，鼓励社会资金建立中小企业信用担保机构，建立知识产权抵押贷款机制，探索促进科技和金融结合机制和模式；鼓励有实力、成长性强的高新技术企业在国内外证券市场上市。

引导郑州银行等金融机构以高新区、金水区、郑东新区为试点，鼓励其积极开展科技金融结合先行先试工作。挂牌成立1—2家科技特色支行，搭建科技型企业专门融资渠道，提供科技贷款特色服务；制定出台专项贷款工作流程和考核管理办法；设立科技贷款补助专项资金，主要用于贷款费用补贴和贷款风险补偿准备，制定科技贷款补助专项资金管理办法，助推科技特色支行、科技型企业顺利联姻；初步遴选战略合作银行、创业投资机构、担保公司等，进一步扩大科技金融结合融通渠道。形成三大多元化投入体系：政府投入为导向、企业投入为主体、社会投入为补充。

二 着力构建多层次融资的金融组织基础

（一）完善金融机构层次和功能，加快引进、设立政策性银行及商业银行

1. 突出总部经济优势，打造金融机构集聚中心

郑州地区应充分发挥优势，发展总部经济，吸引各类金融中介服务和监管机构集聚，吸引投资和融资平台、资产管理公司和其他当地机构落户郑州。加快金融行业开放的步伐，吸引外国证券和保险机构聚集郑州。抓住外资银行的法人化的机会，积极争取外资银行的独立法人公司进入郑州。利用金融业务相对成熟的优势，支持整个金融中介机构的发展，吸引各种各样的经纪人、评级机构和法律服务、信息服务机构落户郑州，加快金融核心区的整体发展，形成完整的产业链。

2. 促成中国进出口银行在郑州设立分支机构

以政策性银行为先导，积极促成中国进出口银行在郑州设立分支机构或直管营业部，为郑州开放创新双驱动战略实施提供融资支持。

3. 挂牌科技特色银行

鼓励引导郑州银行、浦发银行等中小银行以高新区、金水区、郑东新

区为试点在金融产品创新、金融服务方式上开展先行先试工作，并在原有支行的基础上，挂牌科技特色支行。针对科技型企业的特点、融资需求等为其融资开辟绿色通道；引导、鼓励金融机构适当下放信贷审批权限，单列贷款计划，开辟审批绿色通道，单设考核激励制度，吸收科技专家参与贷款项目的评审，建立符合科技型企业贷款特点的管理体系、核算体系、信审体系、风险评价体系、风险管控体系等。

（二）推动产业投资基金发展，加快设立政策引导基金、公私募基金

1. 设立科技贷款补助专项资金

政府出资设立科技贷款补助专项资金按以下方式投入，以后逐年加大投入规模，并根据实际运作成效，适度调整投入结构。其中，科技贷款贴补资金用于对科技型企业贷款贴息和担保费用贴补，降低企业融资成本。科技贷款风险补偿准备基金由政府、担保公司、银行按照 4:4:2 的比例出资共担风险，鼓励科技特色支行创新科技金融服务产品和模式机制。

2. 发展创业投资基金

综合运用阶段参股、跟进投资、天使投资等方式，培育支持创业投资机构，充分发挥政府引导基金的作用，不断扩大引导基金的规模。围绕科技型企业成长路线图助推计划的实施，引导创投机构投资前移，加快培育科技型企业和高新技术企业，支撑高新技术产业发展。

与国家部委支持的参股基金合作，鼓励创投机构投资不同发展阶段的科技型企业。引导基金的一部分用于参股设立创业投资基金，另一部分采取跟进投资、天使投资的方式与创业投资机构合作对科技型企业直接进行股权投资。

搭建郑州科技创新大赛平台，通过组织竞赛评选的形式，挖掘、筛选出符合产业导向、技术领先、产业化前景好的优秀科技投资项目，进行天使投资，并实施增值服务，从而实现科技资金投入的股权化、市场化运营。创新大赛的具体业务可委托具有丰富天使投资经验和良好业绩积累的创业投资机构组织实施。

3. 发展科技型企业专业金融机构

组建由政府引导、民间资本参与、面向科技型企业的投融资服务公司，如科技小额贷款公司，推动中小股份制银行、政府支持的担保机构与小额贷款公司进行合作，推出专门为科技型企业提供小额贷款、票据贴现以及与小额贷款有关的咨询等各项服务。

（三）扶持科技型企业债务融资、上市融资，搭建科技融资服务平台

1. 扶持科技型企业通过"区域集优"债务融资模式进行融资

依托地方政府主管部门（市金融办）和人民银行郑州中心支行，共同遴选符合条件的科技型企业，由中债公司联合商业银行、地方担保公司和中介机构为科技型企业量身定做债务融资方案，并提供全线金融增值服务。通过"区域集优"债务融资模式全面开拓科技型企业直接债务融资的局面，为郑州市科技型企业发展提供持续的资金资源。

2. 支持科技型企业上市融资

积极开展郑州市科技型企业上市资源调查和分析，建立上市企业资源储备库，筛选有潜力的企业进行上市方案设计。加大对拟上市科技型企业的政策支持，对拟上市企业在高新技术企业认定、研发中心建设、科技项目立项、知识产权服务等方面给予重点支持，推动科技型企业上市融资。

3. 搭建科技融资服务平台

成立郑州市科技金融服务中心，建设科技金融综合服务平台，包括科技企业信息平台、科技金融中介服务平台、政银企互动平台等，重点开展政策解读与咨询、宣传培训与服务、项目评价与推介、资产评估与评价、银企洽谈与对接以及科技创新大赛组织等工作。有效整合政府、金融机构、企业等部门的信息资源，实施动态更新，实现资源共享。依托人民银行信用体系基础数据库，建立科技企业信用数据库、项目数据库，为科技型企业的不同发展阶段提供全方位、立体化的科技金融服务。

三　着力拓展多维度融资的企业融资渠道

（一）构建政银企合作信贷和产业投资基金两大平台

1. 构建政银企合作信贷平台

（1）实施多点合作。积极推动各大商业银行、政策性银行签订战略合作专项协议，促使其优先为郑州开放创新双驱动战略实施提供金融支持。同时，助推各银行与大型企业签订合作备忘录，积极引导银行按照战略产业布局，细分市场层次，为高新技术、装备制造、新能源新材料企业以及科技型创新企业提供特色金融服务。

（2）采取多措施并举。设立政银企合作专项资金，持续推动银政、银银、银保和银证合作。同时，设立联席会议制度，建设优质金融服务中心及信息交流平台，定期完善《郑州开放创新双驱动战略投资指导目录》，发布产业发展的相关项目信息，推动相关银行对列入目录的项目加

大信贷支持力度。

2. 构建产业投资基金平台

由战略领导小组牵头强化，形成产业投资与重大项目以政府为主导，支持高科技企业、战略新兴产业及其研发机构落户和发展。开展一年多届的招商说明会以及产业项目信息发布会，明确规定投资方向领域。统一规划、系统整合、合理布局，建立信息共享数据库，通过召开项目对接会，有针对性地向融资机构推荐企业和项目，搭建企业和投资方的双向交流平台，提供一站式融资解决方案。

（二）形成债券融资、金融租赁和改制上市三大支点

1. 债券融资

战略领导小组要加强对债券融资工作的指导、协调，编制债券融资发展规划，出台相关管理办法，鼓励符合条件的企业发行债券。建立债券融资后备企业资源库，对新区企业进行政策策划、分类排队，推动企业发债融资。根据不同债券市场要求，分类举办债券融资培训班，强化宣传及企业认知，提升债券直接融资利用水平。

2. 金融租赁

战略领导小组要加快推进包括中国金融租赁集团、工银租赁、民生租赁等在内的大型金融租赁公司积极开展金融租赁服务中心，为企业融资租赁提供信息服务和交流平台。出台减免税费、价格补贴等扶助政策，引导企业将融资租赁作为拓展资金渠道的重要途径。

3. 改制上市

战略领导小组要积极推动企业改制上市的政府和企业联动机制，构建工作联络员网络，定期与重点企业沟通交流，解决改制上市中存在的问题，推动相关企业在国内主板和境外上市。另外，着力构建上市后备企业档案库，分类确定创业板、新三板预申报重点企业，加强对拟上市企业的培训工作。

（三）完善金融分类支持、融资激励、贷投债保联动、风险补偿四大机制

1. 设计金融分类支持机制

根据企业初创期—成长期—扩张期—成熟期—衰退期的生命周期，设计分阶段金融支持机制。针对初创期的企业，资本支持应以内源融资为主，同时积极推动保险公司对高风险、高收益的企业技术研发和创新活动

提供保险；处于扩张期的企业，应以信贷平台支撑、债券融资、VC 以及金融租赁辅助等形式为主；处于成熟期的企业则应以 PE 和改制上市为主要融资形式。

2. 积极构建融资激励机制

由市政府出资建立开放创新双驱动战略产业政银企合作专项资金，以贷款贴息的方式，对获得贷款、发行债券的企业支付利息提供分类、不同比例的补助；对符合产业规划、注册资本超过一定数目的企业，通过竞争性遴选确定资金扶持对象，对企业研发及核心技术攻关提供无偿补助；出台相关管理办法，对企业改制上市、通过股市债券融资、融资拓展、科技贷款、形成重大科研成果等进行奖励，以奖代补。

3. 探索贷投债保联动机制

构建银行和股权投资联动的信息共享平台，积极推动产业基金、VC/PE 与银行信贷合作，优化企业财务结构，多点推进保障企业融资。推进担保、保险机构引入与设立，为政策性担保机构注资，扩大其担保业务范围，同时构建公司担保、保险与政府再担保的双重融资担保模式。整合信贷、基金投资机构与担保机构业务优势与风险偏好，建立政府担保与银行放贷风险共担模式。将保险资金引入产业投资基金及基建项目，推动保险资金用途创新。出台担保贴息等优惠政策，支持担保机构为企业发行债券提供担保。

4. 健全风险补偿机制

健全风险补偿体系，通过财政预算，安排风险补偿专项资金，补偿担保代偿损失；对担保机构进行业绩考核奖励，实施效益补偿；对企业实施担保相应机构实施优惠税费政策。建立风险准备金制度，按一定贷款比例支取部分资金，由政府与企业共同出资成立开放创新双驱动战略产业风险补偿基金，出台风险补偿基金/资金管理办法，对相应银行、担保机构、投资基金进行风险补偿。

四　着力促进多视角融资的金融创新导向

从国际国内经验看，产融结合是企业实现跨越式发展，迅速做大做强的重要途径。由产而融是郑州开放创新双驱动战略实施过程中企业融资渠道拓展的重要选择。

（一）开拓融资租赁新空间

出台推动成立融资租赁公司的实施意见及优惠政策，结合郑州重点支持汽车及装备制造、电子信息两大战略支撑产业，新材料、生物及医药两大战略性新兴产业发展，做优铝精深加工、现代食品制造和品牌服装制造三大传统优势产业，优先助推宇通、东风日产、富士康、中孚实业等大型企业注册成立融资租赁公司，服务设备制造厂商，提升装备产业整体竞争力，为企业发展提供资金融通支持。

（二）组建信托业务新平台

出台有关发展信托的实施意见，一方面，积极推动大型企业与金融机构合作，积极筹建银企合作为支撑的产业信托公司、设立产业投资股权信托基金，为产融结合提供新导向；另一方面，用以奖代补等形式，鼓励和支持辖区内先进制造业企业组建、重组中小型信托公司，打造融资新平台，强化资产业务管理。

五 着力促动多元化工具的融资手段创新

（一）积极支持商业银行的融资产品创新

市政府与商业银行签订合作协议，支持其成立金融产品研究开发中心、设立金融业务创新发展机构，在人才引进、政策申请等方面予以优惠和支持，推动创新产品先行先试；其次，市政府与商业银行共同组建金融产品开发应用反馈中心，建立信息联络员网络和相应工作制度，完善双向对接机制。

（二）着力推动多层次的融资工具创新及运用

（1）创新各类信贷工具。鼓励商业银行、政策性银行积极拓展买方信贷、国际贷款等业务品种。支持各银行开展银团贷款，助推大型项目发展及基础建设。支持企业创新增信工具，开展自有设备、应收账款、土地使用权、股权及其组合质押贷款业务。推动知识产权抵押贷款、企业联保贷款、并购贷款、信用保险等创新工具的运用。

（2）直接融资及担保工具。分层次引导、培训、扶助企业发行企业债、短期融资券、中期票据、公司债和可转换债券。鼓励符合条件的担保机构提供联合担保服务，支持发行中小企业集合债券。推动企业积极运用第三方担保、存货质押、经营性物业抵押、偿债基金抵押等多种增信及担保方式，提高企业信用评级及债券信用等级，降低企业发行费用和融资成本。支持产业链融资。率先将低信用等级高收益债券和私募可转债等创新金融产品引入开放创新双驱动战略产业发展金融支持计划。

（3）推进资产证券化及交易。依靠信托机构，大力推动道路、桥梁、水电气等基础设施、标准化厂房等在内的各类资产证券化及相关业务开展。推动涉及企业的小额贷款、租赁资产、企业债券、公司债券、中期票据等证券化，为拓展融资渠道提供新的工具支撑。

第三节 以引培并举为导向，构建支撑平台，强化战略实施的人才保障

郑州市要以引培并举为导向，构建引进精英、开发各类人力资源的机制和平台，实现"磁场效应"与"酵母效应"叠加，全面推进郑州开放创新双驱动战略实施需要的多元人才支撑，强化人才保障。

一 着力建立和完善选拔、使用高科技人才的各种利益导向机制

科学制定创新人才队伍建设规划，建立和完善选拔、使用高科技人才的各种利益导向机制；建立健全激励机制，积极推动创意、技术等生产要素参与收益分配，重奖在科技创新中做出突出贡献的科技人员。

（一）持续建设和完善培育各类人才机制

积极推动重点企业设立海外人才工作室、实验室，给予专项配套资金，对留学人员创办从事先进制造或相关行业的高新技术企业，给予特别补助。依托企业继续推进博士后流动站、工作站建设，对相应企业进行税收返还和一次性补贴。实施启动科技特派员行动计划，支持国家级研究所、高等院校及其研究部门技术人员到企业参与技术研发。

扶持和鼓励各类产业投资基金、创业投资资金探索"投资基金—人才基地"模式，在创投企业或项目中设立专项培训和奖励资金，打造人才培养基地。与国内外各高校、科研机构签订专项合作协议，强化对高校毕业生、遴选出的企业优秀人才进行半脱产入高校、脱产出国、高端科研机构定岗学习等综合培训，给予全额补贴。

（二）完善科技人才评价体系

建立以业绩为导向的人才评价机制，形成重效能、重量化的科学人才评价体系。建立以成果、产品、知识产权等为主要指标的科技创新人才评价体系和以企业专利、核心技术、产值、利税等为主要指标的科技创新创业人才评价体系。在人才综合评价中，量化指标权重应不低于70%。

（三）健全科技人才激励机制

建立多元化的分配激励机制。市政府引导用人单位加快完善期权、股权、技术入股等优秀高端人才参与要素多元分配的激励机制，提高高素质人才的收入和地位，对开展相关工作的企业每年进行评比和奖励。完善科技奖励体系，进一步加大奖励力度和奖励范围；设立郑州市杰出科技人才奖、郑州市优秀中青年科技人才奖等奖项，每两年评选一次，分别给予重奖。提高科技人才的政治待遇。在政府重大决策中，充分发挥高层次科技人才专业咨询作用。尊重科技人才参政议政意愿，推荐优秀高层次人才担任人大代表、政协委员。

（四）提升科技人才使用效能

创新人才使用方式，科学配置，多态使用。通过压担子、搭台子、铺路子，多渠道、多途径、多方式使用科技人才。通过选派科技特派员、组织专家服务团、选配科技副职等形式，促进科技人才向企业和基层流动。促进科技人才合理流动。优化配置，人岗相适，实现人才在各创新主体间的科学流动。鼓励以项目合作、聘请兼职、人才租赁、科技咨询等方式柔性引智。

二 着力打造战略实施需要的多元化人才队伍

大力实施人才工程，实现引进一批人才，成长一批企业，带动若干领域，提升产业发展，形成有利于科技创新的人才支撑体系。

（一）培养一批一流的科技领军人物

培养一批一流的科技领军人物，带动和培育一批在国内外具有较大影响的科技创新团队；培育引进科技创新领军人才，解决郑州市重大科技难题，引领科技创新和产业发展升级。重点培育引进"两院"院士，"百千万人才工程"国家级人选，国家"千人计划"，长江学者，省（部）级以上院士工作站、博士后科研工作站、重点实验室、工程实验室、工程技术研究中心、工程研究中心、企业技术中心的学术技术带头人，省（部）级以上重大科技项目和重大科技工程项目的主要完成人等。

（二）造就一支企业家队伍

造就一批具有现代经营管理思想、国际化视野和富有创新精神的企业家队伍，要着力打造一批主业突出、创新能力强、质量效益好的骨干企业群体，为经济发展增创新优势、培育新亮点。为此，要重视企业家队伍建设。建立科学的培养机制，不断提高企业家综合素质；建立多元化的激励机制，不断激发企业家创新创业创造的内在动力和活力，让有作为、有贡献、有影响力的企业家经济上得重奖、政治上有地位、社会上受尊重；建立畅通的信息沟通机制，加快企业家成长。同时，企业家也务必要认真履行社会责任，树立强烈的责任感和现代经营管理理念，促进经济效益、社会效益和环境效益共同发展，为郑州经济社会发展做出应有的贡献。

（三）引进一批海外高层次人才

引进一批海外高层次人才，吸引广大出国留学人员回国创业。主要包括有重大发明创造，能够突破关键技术、培育战略性新兴产业、发展高新技术产业、带动新兴学科发展的创新创业人才；掌握核心技术，擅长知识产权战略谋划和知识产权运作，提高自主创新能力、形成自主知识产权、实现知识产权价值最大化的海外高层次创新人才、科技创业领军人才和创新团队；国际金融、航运、贸易、经济领域高端人才以及有一定国际知名度的创意人才。为此，依据岗位职务、承担项目、资金扶持、绩效评估、评选奖励等机制，为人才建造具有实质性创新的平台；依据居留和出入境、落户、社会保险、住房、通关、医疗保障、子女入学、配偶安置等方面，为人才配备高效健康的生活方式；围绕资助、税收、薪酬等方面，构建更加灵活的激励机制。

（四）开发一批社会必需的高技能型人才

要紧紧围绕郑州产业发展方向和体系，加速培养造就一支结构合理、技艺精湛、素质优良的高技能人才队伍，逐步形成初、中、高级劳动者比例基本合理的格局。基本格局与经济社会发展相符合。为此，开展各个行业以提升职工技能全面培训为企业发展的主要方向，健全企业行业为主体、职业院校为基础的高技能人才培养培训体系。通过对职业技能的社会化鉴定、测验企业技能人才、完善职业资格认证的要求制度，并测验专项职业能力的实用性，制定出适应各类技能型人才特征的考察体系。引导和鼓励企（事）业单位对激励机制进行补充完善，比如高技能人才培训、考核、使用与待遇相结合等，完善高技能人才合理流动和社会保障的各项政策。还可开展丰富多样的技能大赛和年度人才评选表彰会议，选拔和树立一批优秀高技能人才典型，在全社会营造有利于高技能人才成长的良好社会氛围。

（五）加快培养高层次创新创业人才

按照符合产业发展规划、具备较大发展潜力、引领学术技术发展方向的总体要求，突出服务优势产业和重点学科，支持高校联合企业布局建设一批战略性新兴产业等领域的重点学科和研发机构，加快培养高层次创新创业人才。包括科技创新领军人才、科技创业领军人才、哲学社会科学领军人才、教学名师和"百千万工程"领军人才以及具有特别优秀的科学研究和技术创新潜能、科研工作有重要创新前景的青年人才。坚持平等准入、公平对待，鼓励高层次人才创办与重点产业发展配套的各类企业，给予财政、税收、用地等方面扶持。逐步拓宽投融资渠道，完善信用担保体系，建立高效率、低成本的企业培育机制，建立高层次人才自主创业扶持制度。

三 着力构建人力资源的引培平台

（一）高端人才引进平台

加快落实引进高层次人才政策办法，围绕大型项目进一步强化并实施海内外高层次人才集聚计划。建立人才引进的"部门—重点企业"联席会议制度，了解供需情况，点对点推动企业、重点实验室人才引进工作。单独设立人才引进基金，对符合关键项目、核心领域的相关人才给予规定奖励之外的一次性补助和住房、交通补贴。按照总体规划，加速引入优质教育资源的步伐，制定国际学校在内的各类中小学、幼儿园建设专项计划，着力解决高层次人才子女入学问题。

（二）产业工人培养平台

设立职业培训机构，分期分批对有意向提高技能、入区就业的劳动者进行基础知识、择业就业知识以及专业技术知识培训。完善与周边地市劳务部门的对接和合作机制，充分掌握劳动力资源情况，为实现互动奠定基础。建立和完善劳动力信息数据库，将企业用工、劳动力分布及流动情况纳入数据库系统，实现统一平台、统一管理。加强就业信息传播工作，不定时发布企业用工信息，推动信息共享和对接。

第四节 以内外互动为导向，出台相关举措，强化战略实施的政策保障

郑州市委、市政府要进一步研究出台对外开放政策，深化对外贸易、资本流动、科技创新、人才交流、生产合作、国际旅游等领域的开放，为

全面推进郑州开放创新双驱动战略提供政策保障。

一　着力扩大对外投资和对外贸易

要积极创新贸易政策，扩大对外投资和对外贸易，推动贸易方式的转变。

（一）推进加工贸易转型升级

出台相关政策，促进超前思维的引入，从而创造良好的政策环境利于加工贸易的转型升级，鼓励加工贸易企业朝上游迈进、向下游拓展，使加工贸易的区域布局更为优化，创新加工贸易的监督管理模式，促进加工贸易企业开展国内采购和深加工等项目，把郑州建设成为加工贸易区域布局合理、国际品牌聚集、国际竞争优势凸显的先进制造业基地、现代服务业基地。

（二）推进外贸发展方式转变

坚持科技兴贸、以质取胜，出台相关政策，积极培育壮大自主出口品牌，多形式多渠道开拓国际市场，推动外向型企业加快发展，积极扩大进口，大力发展服务贸易，不断优化进出口商品结构，促进对外贸易从数量增加为主向质量提高为主转变。

（三）推进对外投资合作

立足郑州、放眼世界，充分发挥产业优势互补等优势，加快发展对外直接投资，扩大境外加工贸易和资源合作开发，支持现有企业做强做大，提高对外承包工程和劳务合作的水平，健全鼓励对外投资的政策措施和服务促进体系，实施国际产业、跨国公司、人才培育工程，支持一批企业发展成为具有自主知识产权和国际知名品牌的跨国经营企业。

（四）推进贸易与通关环境建设

不断完善外经贸宏观管理体制机制，积极推动公平贸易环境建设，推动口岸大通关建设，积极主动应对国际贸易摩擦，努力营造高效透明的投资贸易环境。

二　着力拓展利用外资的领域和方式

加强全方位的对外交流与合作，拓展对外开放的广度和深度，以引进大项目好项目为抓手，创新招商机制，积极拓宽利用外资的领域，采取更加灵活的方式，继续改善投资环境，吸引外商投资。调整产业结构、加强产业技术，实现依靠外资实现跨越式增长。

（一）引导外资投向战略性支撑产业和传统产业技术改造

要加速扩大技术引进的规模，促进外资投向战略性支撑产业和传统产业技术改造，综合技术引进和国内研发，全方位提升劳动生产率，促进经济发展的转型。对于在国民经济中占较大比重的传统产业，要吸引外商投资参与升级改造；保持吸引外商加大对第一、三产业的投资力度，重视基础设施、环保产业、教育产业和出口创汇产业等高新技术产业；要引进高新技术，提高劳动生产率，提高工艺技术和装备水平，推动产业结构升级。

（二）探索和拓展利用外资方式

吸收外商投资方法多元化，主要采取收购、并购、兼并、风险投资、投资基金和证券投资等。采用多类方式对原有资产的重组，克服企业在资金技术等方面的困难，重新设计并购后资源、管理整合和组织结构，推动企业发展的规范化。跨国公司可采用协议购并、企业交易市场购并和股票市场购并等方式，合资企业外方可采用股权转让及增资扩股形式购并。

（三）拓宽外资的来源结构

目前郑州外资主要来源于美国、日本、欧盟及中国台湾、香港等发展国家和地区，结构比较单一。加大在欧洲和北美、南美的引资渠道，促进经济全球化，做到利益分享世界化。

三 着力促进人才自由流动和国际化配置

放开人才市场，使国内外人才能够更自由地流动，实现人才的国际化配置，促进人才国际化。形成尊重劳动、尊重人才、尊重知识、尊重创造的观念，充分认识人才在经济建设和社会发展中的重要地位和作用。在逐渐加深的国际经济技术交流合作与人才交流的模式下，鼓励人才的跨国流动，包括人员流动和智力流动。逐步在学术、科研文化等领域将国际标准和水平作为衡量人才成果的尺度，建立国际化的人才评价体系。适应国际经济社会发展的需要，通过教育机制的多样化和课程设置的综合化，实施人才培养国际化。经济全球化对人才的知识结构提出了新的要求，要求具有复合型人才的素质，熟悉跨文化的交流，融会贯通国际市场的贸易准则等素养，这些将成为国际上普遍认同的人才衡量标准，因此人才素质要国际化，并促进人才待遇的国际化。

四 着力参与国际分工和促进与发达国家合作

制定相关政策，通过对比较优势的发挥，积极有效地促进郑州与西方发达国家在高科技生产领域的合作。

（一）发挥比较优势，积极参与国际分工

由于我国的劳动力成本低下，价格具有竞争优势，因此西方发达国家习惯于将劳动密集型企业建立在中国。可见劳动力密集型产业依旧是我国的比较优势。但是随着技术水平的提高，我国劳动密集型产业的技术内涵也在上升，很多技术与资本密集型出口产品中的劳动密集度高的环节都渗透了较高水平的技术。郑州要充分利用劳动力优势，吸引外资企业在郑投资兴业，在产业转移的同时提供了大量就业，对提高就业水平、培养技术人才有积极的作用。

（二）从加工链的低端向上游转移

随着全球化的进展及经济形势的变化，若我国仍然在低成本的加工链上发展，就只是一个依靠廉价劳动力的创新产业附属国家，就会丧失全球经济的发言权。要想改变这一格局，我国就必须牢牢掌握核心技术，培养高素质的研发团队。

（三）"走出去"，开拓国际市场

在产业升级的过程中，要把水平分工与垂直分工相结合，与发展水平相近国家加强产业合作。有更多的民营资本及跨国资本的联合才能提升我国民族产业的整体竞争能力，大幅度加深中国的海外市场，提高企业知名度，减少与欧美国家的贸易摩擦，通过"走出去"来提高产业竞争力，而不是仅仅依赖"引进来"的单一战略。

五　着力鼓励旅游企业拓展国际旅游市场

采取财政补贴、税收优惠等政策，鼓励旅游企业拓展国际旅游市场，树立郑州旅游地形象。

（一）提高国际旅游宣传推广效率

推进旅游信息化建设，完善市级旅游网站，充实商务服务功能，打造国际一流的旅游信息服务平台，提升郑州旅游的国际影响力。针对境外重点市场和高端市场重点突破，注重推广的品质和实效，鼓励旅游行政管理部门选择知名旅行商作为郑州市旅游的境外营销办事机构，发挥国际旅游推介作用。

（二）加速旅游产业国际化进程

有计划地推进名企、名人郑州行活动。对吸引世界500强企业来郑举办董事会、大中华区会议或中国区会议的会务费给予补贴。对引进国外知名品牌旅游企业集团（包括国际品牌酒店、国际知名旅行社和全国百强旅行社，国际知名、国内著名的旅游创意策划机构、旅游人才培训机构）来郑投资、设立分支机构的给予奖励。

（三）培育高端国际化人才

建立完善旅游经营管理、服务人才培养机制，造就一支高端市场服务的明星导游队伍，建立一支具有较高文化素养和服务技能的厨师和服务员队伍，加大旅游行业国际化人才的引进力度。

六　着力营造鼓励创新的制度和法制环境

建立完善财政资金采购本地自主创新产品制度，优先首购、订购郑州市纳入目录的自主创新产品。对企业自主创新产品进行认定，认定之后政府公布自主创新目录，政府在采购之中就应该在同等条件下优先采购这些产品。国家的重大建设项目采购的装备，在条件允许的情况下应采用自主研发的产品。改进政府采购评审方法，优待自主创新产品。逐步制定政府首购和订购制度，新产品投放市场后，前期研发成本经过认定和评审之后采用首购政策。

加快修订《郑州市科学技术投入条例》，贯彻落实《郑州市专利保护与促进条例》，积极营造鼓励创新的法制环境。

七　着力形成崇尚创新、包容开放的文化氛围

郑州应充分发挥郑州优秀历史和文化资源，传承弘扬中原文化，培育有中原风貌、时代特征和国际影响力的文化品牌，率先打造文化创新发展区。包容开放的文化氛围，是郑州实施开放创新双驱动战略的重要条件，培养高度的文化自觉和文化自信，是郑州实施开放创新双驱动战略的重要目标。为此，要倡导崇尚开放创新、尊重开放创新、鼓励开放创新、保护开放创新的社会风尚，在全社会形成有利于催生开放创新灵感、激发开放创新潜能、保持创新活力的开放创新文化，形成鼓励冒险、容忍失败、竞争合作、不断进取的宽松环境和文化氛围。大力推进文化强市建设，市民应形成三大意识，即开放意识、包容意识、进取意识，努力塑造适应城市国际化要求的市民素质。加强对优秀传统文化思想价值的挖掘和阐发，大力弘扬和发展中原文化的精华部分，打造出的中原精神应能够切实体现时代特征。例如通过宣传焦裕禄精神、红旗渠精神和新时期"三平"精神等特色文化，河南人的形象可以概括为大度善良，不怕困难，踏实厚重等。

第五节　以统筹兼顾为导向，优化相关机制，强化战略实施的平台保障

郑州在构建内外互动的开放型经济支撑体系方面，要努力构建对外开放重要通道和平台，用好政策招商引资，提高对外开放质量和水平，联合东部地区产业转移、西部地区资源输出和南北区域交流合作的战略通道功能，有效促进区域联动发展，推动中原经济区朝着先进制造业和服务业为核心的形式发展。

一　着力构建开放创新平台，强化基础设施支撑

实施开放创新双驱动战略需要强有力、开放性的基础设施和载体平台支撑。

（一）高标准、高起点提速基础设施建设

根据《郑州市城市总体规划（2010—2020年）》，将城市的交通系统综合化、层次化、多元化，以公共大众交通为主要建设方面，尤其重视我国的海外出口通道，逐步实现海陆空的多方位联运发展。同时，应大力建设城市的生活用水源、给水、污水和垃圾处理等基础设施。全方位构建城市防灾减灾的预警系统机制，把灾害降低到最小化。

（二）完善市政设施和公共服务设施，提高城市综合承载力

城市国际化是开放型经济发展的重要依托，郑州应以国际视野来规划城市，用国际标准来建设城市，按国际惯例来管理城市，加快推进中心城区国际化。要构建一流的基础信息网络。努力把园区建成开放型经济集中区，使之成为郑州对外开放的承载主体。强化园区载体支撑，全力整合各类工业园区、集聚区资源，不断提高园区产业集中度。要提升郑州综合保税区功能，建设郑州内陆开放型经济示范区，构建对外开放重要平台。推进与毗邻地区在以下重点领域的合作，如：基础设施、生态保护、旅游开发和信息平台等。密切与长三角、长江中游地区、山东半岛、京津冀等区域的合作，发挥腹地效应。

要合理定位老城区与郑东新区的功能，优化城市空间布局，根据市域内不同地区的条件，有重点地发展基础条件好、发展潜力大的建制镇，优化村镇布局，提升农业产业化水平和农村经济快速发展进度。着力建设一

批国际特色生活园区、国际化交流中心、国际医院，推进国际办学等，积极构建国际化语境，让外籍人士在郑州安居乐业。加快推进城市管理国际化、科学化，健全完善网格化城市管理系统，准确定位城市管理目标，提升城市管理水平。

（三）加快推进郑州现代物流中心建设

发挥区位交通优势，积极构建商流、物流、信息流、资金流高效运转的郑州中心物流枢纽。优化物流结点布局，引导省内外大型物流企业在郑州设立总部或分支机构，加快重要物流设施建设，找准郑州在现代物流中的独特优势和领先地位，提高郑州在物流设施和企业集聚方面的能力。整合物流信息资源，推进物流信息化进程，完善物流标准化工序，搭建物流信息平台，提升物流管理水平，发挥郑州在物流信息交流方面的中枢作用。积极发展流通加工，拓展物流业增值空间，发掘新型物流渠道，增强郑州在流通加工方面的物流服务功能。

二　着力构建现代产业体系和科技创新体系

郑州要充分利用先行先试政策着力推动传统产业向高端化、产业化、规模化发展，加快构建现代工业体系。加快培育现代服务业，以大突破、大提升推动开放型经济大发展。提升产业层级、突出发展优势，积极参与全球产业分工，承接国际产业转移，加快引进技术先进、带动力强的龙头产业项目，加快推动产业向高端化、高质化、高新化发展。着力提升招商专业化水平，深入挖掘招商引资潜力，健全完善招商引资工作考核机制和考核办法，大力承接产业转移，吸引境内外投资者进入多领域协调发展，如：现代服务业、现代农业、基础设施、机械制造业、社会事业等。加强与港澳台、沿海地区、东南亚等经济技术和贸易投资领域的合作，扩大、增强与世界500强、央企等大型企业的深入战略合作。着力提升外贸竞争地位，深度探索和拓展国际市场，最高限度提高出口增长率，力求全面发挥重点商品出口基地效应；以郑州综合保税区建设为契机，积极推进中原经济区内外部经济合作，进一步吸引并聚集物流、信息流和资金流等要素资源，增长外贸出口；鼓励企业不断拓展发展空间，支持企业进一步扩大对外投资，赢得主动、借势发展，争取中原经济区优惠政策的全方位辐射。

郑州要以"国家创新型城市试点"为契机，着力以此为核心和突破口，全面推进郑州区域创新体系建设，构建和完善企业为主体的科技创新体系，对其进行产学研相结合，巩固、强化和提升企业创新主体地位，提高自主创新能力；加快构建科学研究和人才培育有机结合的知识创新体系。充分发挥高校的创新资源优势和潜力，支持高校、科研机构面向郑州市经济社会发展的战略需求开展研发活动；重点加强创新服务体系建设，以加快科技成果转移、扩散和转化为目标，加大政策培育和资金扶持力度，引导创新服务机构向市场化、专业化、规模化和规范化方向发展。

三 着力优化城乡土地流转、开发及供应机制

（一）建立城乡土地流转平台

为保证战略实施中各类企业、项目及相应基础设施建设用地开发，郑州市国土资源局专门负责土地"地票"流转、整理、储备、开发和供应，实现土地要素配置的专项负责、专项管理、专项保障。充分依托郑州土地交易中心，加快推进郑州内外"地票"交易速度和力度，为郑州各类企业新增项目用地提供强有力支撑。

（二）构建城乡土地联动机制，实现共生、共享和共赢

郑州要以统筹城乡促"地票"联动流转机制。一方面，通过户籍制度改革、公租房、社保、就业及相应土地价值受益的互动，加速推动郑州地票的形成。另一方面，借助郑州土地交易中心，保证"地票"快速、便捷流转，促成城乡联动，为郑州都市区建设土地要素提供保障。构建郑州都市区与相应区县的联动开发机制。通过资本投入、复垦援助、提供就业岗位、"地票"入市奖励等方式，与土地资源相对较为丰富的区县形成互动，推动相应"地票"进入郑州土地交易中心进行市场交易，实现"地票"向相应产业区域的"定向增发"，从而使得资源与价值对等、共享。推动郑州构建与周边地市的土地联动开发机制。将区县层面培育成熟的机制推而广之，依托郑州土地交易中心实现"地票"在新乡、开封、许昌、洛阳等地市间流转，为郑州都市区建设的土地要素保障进一步提供基础。

（三）利用评估监测提升土地容量，实现区域土地集约开发

积极推动构建各产业板块内各功能区统一的项目审批制度及备案管理制度。成立评估小组，构建土地开发利用评价体系及机制，实施提升土地容量的项目发展、环境影响、产出效益、项目规划及发展潜力评估制度，对企业用地效率进行监测，强化退出机制，切实保障土地要素深度开发、

高度利用、多维保障。

（四）积极落实企业土地购置相关优惠政策

出台企业用地规定，其用地优先安排，确定土地出让底价，减免相关税收和行政收费，降低企业用地成本。

参考文献

[1] Charles Landry, A New Planning Ethos of Civic Creativity [J]. *Town and Country Planning*, 2000, 69 (9): 259 –261.

[2] Chesbrough H. W., *Open Innovation: the New Imperative for Creating Profiting from Technology* [M]. Boston: Harvard Business school press. 2003.

[3] Collins J., Turning Goals into Results: the Power of Catalytic Mechanisms [J]. *Harvard Business Review*, 1999, (77): 70 –82.

[4] Dollars D., Outward – oriented Developing Economic Really do Grow More Rapidy: Evidence from 95LDCs, 1976 – 1985 [J]. *Economic Development and Cultural Change*, 1992, (3): 523 –544.

[5] Drucker P., F., *Innovation and Entrepreneurship: Practice and Principles* [M]. New York: Harper & Row. 1985.

[6] Mansfield, *The Economics of Technological Change* [M]. New York: W. W. Norton Company. 1971.

[7] Mueser R. Identifying Technical Innovations [J]. *IEEE Transactions on Engineering Management*, 1985, (4): 159 –160

[8] Porter M. E., *The Competitive Advantage of Nations* [M]. New York: Free Press. 1990.

[9] Sachs J. D., Warner A M. Economic Reform and the Process of Global Integration [J]. *Brookings Papers on Economic Activity*, 1995, (1): 1 –118.

[10] Solo C. S., Innovation in the capitalist process: a critique of the schumpeterian theory [J]. *Quarterly Journal of Economics*, 1951, (8): 417 –428.

[11] 安胜利：《大型 EPC 工程总承包项目的协同管理研究》，硕士学位论文，天津大学，2007 年。

[12] 曾微：《重庆外向型经济开放度研究》，硕士学位论文，重庆工商大

学，2012 年。

[13] 查奇芬、王晞敏：《江苏省城市创新能力评价的实证研究》，《统计观察》2008 年第 13 期。

[14] 常艳颖：《创新管理与铁路跨越式发展》，《理论学习与探索》2006 年第 6 期。

[15] 陈峰燕：《国外创新型城市的建设实践及启示》，《中国集体经济》2014 年第 34 期。

[16] 陈秋英：《国外企业开放式创新研究述评》，《科技进步与对策》2009 年第 26 期。

[17] 陈迅、孙成东：《省域经济综合开放度的指标构建与测算》，《统计与决策》2011 年第 23 期。

[18] 程艳艳：《我国会计师事务所规模化发展的风险研究》，硕士学位论文，天津商业大学，2011 年。

[19] 董友：《地方高校科技创新协同机制与政府宏观管理研究》，博士学位论文，河北工业大学，2007 年。

[20] 范修斌：《江门市招商引资过程中的政府行为研究》，硕士学位论文，华南理工大学，2012 年。

[21] 冯苏宝、贾怡君：《从外向型经济向开放型经济模式转型——后危机时代经济特区的发展之路》，《开放导报》2010 年第 5 期。

[22] 傅家骥：《技术创新学》，清华大学出版社 1998 年版。

[23] 高博：《河南省开放型经济发展战略研究》，硕士学位论文，郑州大学，2007 年。

[24] 高福民：《推进苏州发展创新型经济的理性思考》，《苏州教育学院学报》2011 年第 27 期。

[25] 龚宏斌、罗青军：《市场导向基础的企业产品创新研究》，《软科学》2003 年第 17 期。

[26] 谷卓越：《基于因子分析的我国内地对外开放度评价》，《企业经济》2008 年第 2 期。

[27] 哈肯：《大脑工作原理——脑活动、行为和认知的协同学研究》，郭治安、吕翎译，上海科学教育出版社 2000 年版。

[28] 何智恒：《中部六省经济开放度的比较研究》，《经济纵横》2008 年第 1 期。

[29] 胡清、张义平、刘瑜：《产业转型升级背景下苏州"内生型"创新人才培养机制研究，《苏州教育学院学报》2011 年第 28 期。

[30] 胡树华、杨洁：《国内主要城市群创新能力的评价》，《决策参考》2010 年第 24 期。

[31] 胡钰：《创新型城市建设的内涵、经验和途径》，《中国软科学》2007 年第 4 期。

[32] 胡智、刘志雄：《贫困与中国经济长期稳定增长的聚类分析》，《西安财经学院学报》2005 年第 5 期。

[33] 黄繁华：《中国经济开放度及其国际比较研究》，《国际贸易问题》2001 年第 1 期。

[34] 李兵、曹方、马燕玲：《基于灰色分析的城市创新能力评价研究》，《图书与情报》2012 年第 3 期。

[35] 李巍：《区域创新的比较优势及其战略研究》，硕士学位论文，湖南大学，2007 年。

[36] 李英武：《范例：国外五大创新型城市》，《宁波经济》2006 年第 5 期。

[37] 李英武：《国外构建创新型城市的实践及启示》，《前线》2006 年第 2 期。

[38] 梁新举：《宣城市承接产业转移过程中的招商引资研究》，硕士学位论文，安徽大学，2010 年。

[39] 林宏、陈汉康：《三种方法测算浙江经济开放度》，《浙江经济》2006 年第 11 期。

[40] 刘斌：《基于产业集群的区域产业结构调整研究》，硕士学位论文，重庆大学，2006 年。

[41] 刘虎：《山东省城市竞争力评价与提升模式研究》，硕士学位论文，中国石油大学，2006 年。

[42] 刘家巍：《新形势下跨国农牧企业在中国发展的若干问题研究》，硕士学位论文，天津大学，2006 年。

[43] 刘笑：《天津市创意产业集群化发展战略研究》，硕士学位论文，天津财经大学，2008 年。

[44] 刘勋：《珠海市招商引资市场化研究》，硕士学位论文，暨南大学，2007 年。

[45] 刘永久、王忠辉、吴风庆：《城市创新能力综合评价实证分析》，《城市发展》2010 年第 9 期。

[46] 刘招：《构建现代产业体系 加速经济转型升级》，《郑州日报》2014年 1 月 7 日。

[47] 刘宗勇：《重庆内陆开放型经济发展模式研究》，硕士学位论文，西南大学，2010 年。

[48] 卢娜：《我国建设创新型城市典型模式及经验启示》，硕士学位论文，武汉理工大学，2008 年。

[49] 卢山、李树军、张怀明等：《我国高科技产业发展中的风险投资与作用机制研究》，《科学管理研究》2005 年第 23 期。

[50] 卢小珠、卢宁宁、邹继业等：《创新型城市评价指标体系及标准研究》，《经济与社会发展》2007 年第 10 期。

[51] 孟娟：《网络环境下企业生态系统协同创新的影响机制研究》，硕士学位论文，南华大学，2008 年。

[52] 潘开灵、白列湖：《管理协同机制研究》，《系统科学学报》2006 年第 1 期。

[53] 曲冰：《在招商引资中的税收职能作用分析》，硕士学位论文，中国海洋大学，2008 年。

[54] 上海社会科学院"三特"课题组：《上海模式与中国特色社会主义发展道路》，《毛泽东邓小平理论研究》，2001 年第 6 期。

[55] 邵桂兰、王涛：《基于因子分析方法的青岛市经济开放度测算——以贸易开放度、投资开放度和生产开放度三个指标为例》，《青岛农业大学学报》（社会科学版）2010 年第 1 期。

[56] 申小林、张玉杰：《中国区域开放度指标体系的构建与测算》，《统计与决策》2012 年第 8 期。

[57] 宋田桂：《发展创新型经济路径选择》，《当代经济》2010 年第 5 期。

[58] 孙家坤：《我国现代企业创新的路径探析》，《现代管理科学》2004年第 8 期。

[59] 孙玲：《创新型城市的结构条件及运行机制研究》，硕士学位论文，东北师范大学，2008 年。

[60] 汪方胜、蒋馥：《我国产业技术创新能力的若干思考》，《商业研究》2005 年第 1 期。

［61］王昌林、史清琪：《中国产业技术创新能力评价》，第一届全国科技评价学术研讨会，2000。

［62］王洁：《构建创新型城市评价指标体系研究——以无锡市为例》，硕士学位论文，苏州大学，2007 年。

［63］王珺洁、叶明明：《金水区凝心聚智打造科教新城》，《河南日报》2012 年 2 月 9 日。

［64］王志章：《基于城市转型的韩国知识城市研究》，《城市观察》2010年第 3 期。

［65］温家宝：《关于科技工作的几个问题》，《求是》2011 年第 14 期。

［66］吴天君：《〈以新型城镇化为引领，加快郑州都市区建设，切实担当起"挑大梁、走前头"责任使命〉的讲话》，2012 年。

［67］吴天君：《不辱使命挑大梁，敢于担当走前头，努力开创郑州都市区建设工作新局面》，在市委十届三次全体（扩大）会议上的讲话，2012 年。

［68］夏天：《创新驱动经济发展的显著特征及其最新启示》，《中国软科学》2009 年第 2 期。

［69］肖建清：《对外开放、产业集聚与区域经济增长：理论模型与实证研究》，硕士学位论文，暨南大学，2009 年。

［70］徐业华：《依托友好城市平台发展巢湖外向型经济》，《中国经贸》2007 年第 7 期。

［71］严爱云：《论上海走向现代化的三次历史性跨越》，《上海党史与党建》2002 年第 7 期。

［72］颜晓峰：《试论国家创新能力》，《中国特色社会主义研究》2000 年第 3 期。

［73］杨光：《中原城市群开放型经济发展研究》，硕士学位论文，郑州大学，2007 年。

［74］杨国雄：《Z 公司手机产品的定制战略研究》，硕士学位论文，兰州大学，2009 年。

［75］杨明茗：《制度变迁视角的内陆开放型经济发展模式研究——以重庆为例》，硕士学位论文，山东大学，2010 年。

［76］于庭安：《我国城市地铁突发事件应急体系建设的研究》，硕士学位论文，中南大学，2008 年。

[77] 于延东：《对发展创新型经济的思考》，《求实》2010 年第 2 期。

[78] 袁琼：《上海招商引资的现状分析及对策研究》，硕士学位论文，华东师范大学 2006 年。

[79] 袁勇、刘俊礼：《不辱使命挑大梁 敢于担当走前头 努力开创郑州都市区建设工作新局面》，《郑州日报》2012 年 7 月 16 日。

[80] 袁勇、刘俊礼：《深化认识 创新举措 克难攻坚 扩大成果》，《郑州日报》2012 年 3 月 22 日。

[81] 袁勇、王文霞、季玉成：《"五化"战略领舞航空经济实验区建设》，《郑州日报》2012 年 7 月 30 日。

[82] 袁勇：《创新型城市建设中的政府职能研究》，硕士学位论文，大连理工大学，2007 年。

[83] 张保军：《内蒙古科技创新能力研究》，硕士学位论文，内蒙古大学，2011 年。

[84] 张继林：《价值网络下企业开放式技术创新过程模式及运营条件研究》，博士学位论文，天津财经大学，2009 年。

[85] 张健：《提升城市创新能力的战略研究——基于天津滨海新区引擎效应的路径分析》，《经济研究导刊》2014 年第 27 期。

[86] 张献英：《创新型城市建设的研究——以郑州市为例的分析》，硕士学位论文，西北大学，2008 年。

[87] 赵文静：《推进新型工业化 三年倍增五年超越》，《郑州日报》2012 年 4 月 25 日。

[88] 甄美荣、杨晶照：《中国创新型经济驱动力分析及运作模式构建》，《中国发展》2011 年第 4 期。

[89] 《郑州市国民经济和社会发展第十二个五年规划纲要》。

[90] 《郑州市加快研发机构建设的若干意见》。

[91] 《郑州市建设国家创新型试点城市行动计划（2012—2016）》。

[92] 《郑州市科技创新人才队伍建设行动计划（汇编稿）（2012—2016）》。

[93] 《郑州市科技型企业成长路线图助推计划（2012—2016）》。

[94] 《郑州市人民政府〈关于扶持农业龙头企业做大做强，加快产业化经营，助推新型城镇化建设意见〉》（郑发〔2012〕5 号）。

[95] 《郑州市人民政府关于发挥科技支撑作用，促进主导产业发展的意见》。

[96] 《郑州市人民政府关于加快发展都市型现代农业，夯实新型城镇化

基础的意见》（郑发〔2012〕6号）。

[97]《郑州市人民政府关于加快推进新型城镇化建设的指导意见》2012年。

[98]《郑州市人民政府关于进一步优化主导产业布局的实施意见》（郑发〔2012〕13号）。

[99]《郑州市人民政府关于印发〈中原经济区郑州都市区建设2012年工作要点〉的通知》。

[100]《郑州市人民政府关于印发〈中原经济区郑州都市区建设纲要·2011－2020〉的通知》。

[101]《郑州市人民政府关于印发〈加快推进郑州市现代服务业集聚区建设的实施方案的通知〉》（郑政文〔2012〕51号）。

[102]《郑州市十二五科技发展规划》。

[103]《郑州市研发中心建设行动计划（2012—2016)》。

[104]《郑州市知识产权事业"三年翻番五年跨越"行动计划（2012—2016)》。

[105]《中共郑州市委郑州市人民政府关于实施工业经济"三年倍增五年超越"计划加快推进新型工业化的意见》，2012年。

[106]《中共中央国务院关于深化科技创新体制改革，加快国家创新体系建设的意见》（中发〔2012〕6号）。

[107]周三多、陈传明、鲁明泓：《管理与方法》，复旦大学出版社2005年版。

[108]周晓珺：《协同创新视角下应用型本科重点专业建设研究——基于TPC模型的分析》，《产业与科技论坛》2014年第13期。

[109]祝一君：《国外创新型城市的实践与启示》，《杭州科技》2007年第6期。

[110]左伟：《略论长三角地区区域经济增长中的制度效应》，硕士学位论文，上海海事大学，2006年。